高校

マンガとゴロで

100%丸暗記

日本史年代

受験研究社

本書の特長と使い方

　本書は、日本史の重要年代（できごと）を楽しく暗記できる工夫がたくさん詰まった年代暗記本です。

　中心となる Chapter は、五・七・五調の年代のゴロ合わせと解説文でまとめ、イラストもユニークさにこだわりました。 Chapter のはじめの Introduction は楽しい４コマのギャグマンガにしています。 Appendix では日本史をテーマ別にまとめるなど、学習に役立つページを設けました。

　重要年代は大学入試対策で必要な300個に厳選したので効率よく学習できます。また、消えるフィルターを利用することで空所補充問題集としても使えます。

Chapter

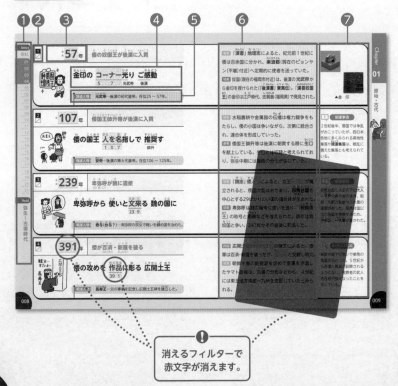

消えるフィルターで
赤文字が消えます。

❶各ページで取り上げたできごとの世紀などを、一目でわかるようにしました。

❷マスターした年代や苦手な年代に印をつけられる、使い方自由のチェック欄です。

❸年代の重要度に応じて星印を入れました。（なし→★→★★の3段階）

❹歴史的事項を織り込みつつ、五・七・五調でリズムのよい暗記文です。

しかも数字の読み方がわかりやすいので、ゴロ合わせとなる重要年代をすぐ覚えられます。

❺取り上げたできごとに関連する年代や人物を、まとめて覚えることができます。

❻ 背景 結果 などの見出しで区切り、整理しながら学習できる解説文です。

❼「もっとくわしく」「関連事項」「史料」や図表・写真で、さらに理解を深めることができます。

Introduction

Chapter で扱った重要年代とそのゴロ合わせをもとにした4コマのギャグマンガです（面白く読んでもらえるように派手に脚色しています）。

章末チェック

Chapter の基本事項を確認できる、一問一答形式の問題です。

Appendix

外交や文化、法令など特定のテーマごとに重要年代と内容を整理しました。

巻末には日本史年表を設けました。

CONTENTS

Chapter	**01**	原始・古代	**005**
Chapter	**02**	中世	**041**
Chapter	**03**	近世	**077**
Chapter	**04**	近代	**117**
Chapter	**05**	現代	**155**
Appendix			**175**

数字の読み方

※おもな読み方のみ。

0	お、おう、ゼロ、まる、れ、れい、わ、を
1	い、いい、いち、いっ、じゅう、と、とお、はじめ、ひ、び、ひっ、びっ、ひと、ひど、びと、ひとつ、ひとり、ひん
2	じ、つ、に、にん、ふ、ぶ
3	さ、ざ、さん、ざん、み、みん
4	し、しょ、しん、よ
5	こ、ご、こう、ごう、ゴー、ごっ、こん
6	む、むつ、り、ろ、ろう、ろく、ろん
7	しち、しつ、な、なん
8	は、ば、ぱ、はっ、はん、や
9	きゅう、く、ぐ
10	と、とう、とお

Chapter

01

原始・古代

Introduction	006〜007
弥生〜古墳時代	008〜009
古墳時代	010〜011
古墳〜飛鳥時代	012〜013
飛鳥時代	014〜019
飛鳥〜奈良時代	020〜021
奈良時代	022〜027
奈良〜平安時代	028〜029
平安時代	030〜039

・章末チェック　　　040

卑弥呼が魏に遣使
239年 ▶p.008

白村江の戦い
663年 ▶p.016

今日は邪馬台国から使者と文来（ふみく（239）る）はずだったな～

魏の皇帝

唐・新羅の連合軍に敗れた百済を救うため、援軍を派遣する

中大兄皇子

お目にかかれて光栄でございます

作戦どおりに戦えば勝てます

我々の勇猛さにおびえて、尻尾をまいて退散するでしょう

こちらが女王から託された文でございます

ふむ

唐・新羅連合軍

日本からの援軍

ドドーン!!

LOVE from 卑弥呼

!!

こんなはずでは…

むろん惨（ざん）（663）敗、日本軍

長岡京に遷都
784年　▶p.028

遣唐使の派遣中止
894年　▶p.034

平城京では今、貴族の政治抗争や僧の政治介入が続いて苦労が絶えない…

う～ん

桓武天皇

菅原道真

唐はすっかり衰えて、魅力のない国になってしまった…

政治を一新するため、都を平城京から長岡に移そうと思う

長岡京

唐に渡っても得るものは少ない。それなのに航海はとても危険だ

この際、派遣は白紙(894)に戻すべきだ

長岡って、どこだ？

そんな名は知(784)らないなあ。平城京のままでよいのでは？

？ ？

遣唐使に関する私からの意見書でございます

スッ

ふむ

宇多天皇

ムムムッ、私の選んだ場所に異論があるのか！

おかんむりの桓武天皇

逃げろー

ゴゴゴゴ

これは!! 白紙のままで渡すなんて、どうした道真？

あーまちがえました！パニックで頭の中も真っ白！

あたふた

1 ★57年　倭の奴国王が後漢に入貢

金印の コーナー光り ご感動
　　　5　7　光武帝　後漢

関連人物　**光武帝**…後漢の初代皇帝。在位25～57年。

2 ★107年　倭国王帥升等が後漢に入貢

倭の国王 人を名指しで 推奨す
　　　　　1 0 7　　　　　帥升

関連人物　**安帝**…後漢の第6代皇帝。在位106～125年。

3 ★239年　卑弥呼が魏に遣使
　　　　　　（ひめこ）

卑弥呼から 使いと文来る 魏の国に
　　　　　　　23 9

関連人物　**壱与(台与?)**…卑弥呼の宗女で戦いを鎮め国を治めた。

4 ★391年　倭が百済・新羅を破る
　　　　　　（ひゃくさい）（しんら）

倭の攻めを 作品に彫る 広開土王
　　　　　　39 1

関連人物　**長寿王**…父の事業を記念し広開土王碑を建立した。

背景 『漢書』地理志によると、紀元前1世紀に倭は百余国に分かれ、楽浪郡(現在のピョンヤン〔平壌〕付近)へ定期的に使者を送っていた。

結果 奴国(現在の福岡市付近)は、後漢の光武帝から金印を授けられた(『後漢書』東夷伝)。「漢委奴国王」の金印は江戸時代、志賀島(福岡県)で発見された。

▲金 印

背景 水稲農耕や金属器の伝播は権力闘争をもたらし、倭の小国は争いながら、次第に統合され、連合体を形成していった。

参考 倭国王帥升等は後漢に朝貢する際に生口を献上している。生口とは奴隷と考えられており、弥生中期には階級の分化が生じていた。

! 関連事項

2世紀後半、倭国では争乱がおこっていたが、西日本各地に多くみられる高地性集落や環濠集落は、戦乱に備えた集落とも考えられている。

背景 『魏志』倭人伝によると、女王卑弥呼が擁立されると、倭国大乱はおさまり、邪馬台国を中心とする29ばかりの小国の連合体が生まれた。

結果 卑弥呼は魏の皇帝に使いを送り、「親魏倭王」の称号と銅鏡などを与えられた。晩年は狗奴国と争い、247年かその直後に死去した。

! 関連事項

邪馬台国には王の下に大人―下戸の身分差のほか、租税・刑罰の制度や入れ墨の風習があった。邪馬台国以北の諸国を検察するため、伊都国に一大率が置かれた。

内容 広開土王(好太王)碑の碑文によると、倭軍は百済・新羅を破ったが、高句麗と交戦し敗北。

背景 朝鮮半島の鉄資源を求めて倭軍を派遣したヤマト政権は、古墳の分布などから、4世紀には東北地方南部〜九州を支配していたとみられる。

🔍 もっとくわしく

朝鮮半島での戦いで乗馬の風習が伝わった。5世紀から古墳に馬具が副葬されるようになり、被葬者の武人的性格が強くなったことを示している。

5 ★478年　倭王武が宋に遣使

倭の国は　指南は宋にと　武が使い
4　7　8

*指南＝教え導くこと。

関連人物　武…雄略天皇（ワカタケル）に比定される。

---

6 ★527年　筑紫国造磐井の乱（ちくし）

磐井の乱　鼓舞なく鎮圧　物部に
5　2　7

*鼓舞＝励まし奮い立たすこと。

関連年代　512年…大伴金村が加耶4県を百済に割譲。

---

7 ★★538年　百済から仏教が公伝

くだらない　誤算はないよ　仏教に
百済　　5　3　8

関連年代　552年…仏教公伝（『日本書紀』）の説もある。

---

8 562年　新羅が加耶諸国を滅ぼす

新羅来る　ころに危うい　加耶諸国
5　6　2

関連年代　676年…新羅の朝鮮半島統一。

内容 『宋書』倭国伝によると、讃・珍・済・興・武（右の鉄剣に記された大王とされる）の倭の五王が南朝に遣使し、百済を除く6国の支配を認める安東大将軍の称号を受けた。

背景 遣使の目的は、中国南朝の権威を背景に朝鮮半島での政治的優位を確保すること。

▲稲荷山古墳出土鉄剣
（一部分）

内容 磐井は新羅と結んで、九州北部で乱をおこしたが、翌年、物部麁鹿火によって鎮圧され、九州北部に屯倉が設けられた。

結果 6世紀初め継体天皇を擁立した大伴金村が大連として権力を振るったが、この乱の後、物部氏も大連として権力をもつようになった。

🔍 もっとくわしく

大伴金村は百済に加耶4県を譲り渡したが、それが原因で6世紀半ばのころ失脚。大伴氏はその後も権力を保ったが、平安時代になると伴氏と改姓した。

内容 百済の聖明王（聖王、明王）が仏像や経論を欽明天皇に贈ったとされる（『上宮聖徳法王帝説』『元興寺縁起』）。

結果 仏教受容の可否を巡り、受容に反対した物部尾輿と受容賛成の蘇我稲目とが対立を深め、政治の主導権を巡る権力闘争へと発展した。

! 関連事項

仏教公伝以前にも渡来人が私的に信仰していた（司馬達等＝鞍作鳥の祖父）。

背景 朝鮮半島南部の加耶諸国は4世紀以来、倭と関係の深い小国の連合地域であったが、両隣の百済・新羅に圧迫されていた。

結果 朝鮮半島に拠点を失ったヤマト政権は、この後加耶回復のために新羅征討を計画したが、結局失敗した。

■ 512・513年百済が支配
…… 532年ごろの国界
□ 551年百済の回復地
□ 552年ごろの新羅領域

高句麗

百済

新羅

加耶

▲6世紀の朝鮮半島

9
★ **587**年　　蘇我馬子が物部守屋を滅ぼす

排仏に　硬派な守屋　蘇我に負け
　　　　　5　8　7

*硬派＝強硬な主義・意見を主張する党派。

関連人物　物部守屋…敏達天皇や中臣氏と同じく排仏を主張。

10
★ **593**年　　厩戸王が政務に参加する

厩戸が　補佐を遂行　ごく見事
推古天皇　5　9　3

関連人物　推古天皇…用明天皇（厩戸王の父）の妹。

11
★ **603**年　　冠位十二階の制定

冠位つけ　禄をさずける　十二階
　　　　　6　0　3

*禄＝仕官する者に与えられる手当。

関連人物　蘇我馬子…大臣の地位にあったので、授位範囲の枠外であった。

12
★ **604**年　　憲法十七条の制定

憲法を　群れ寄る人に　説く太子
　　　　6　0　4　　　　　聖徳太子

関連人物　厩戸王…蘇我馬子と『天皇記』『国記』を編纂したと伝わる。

背景 仏教の受容に積極的な蘇我氏と、仏教を排除しようとする物部氏が対立していた。

内容 大臣の蘇我馬子が率いる軍勢が大連の物部守屋を攻め滅ぼした。仏教が国家によって保護され、日本に定着するようになると、古墳にかわって寺院が豪族の権威を示すものとなった。

> **! 関連事項**
>
> 仏教に深く帰依する厩戸王は蘇我氏に味方し、合戦後に摂津の難波に四天王寺を建立したといわれる。四天王寺伽藍配置は、中門・塔・金堂・講堂が一直線に並ぶ。

背景 前年に蘇我馬子が崇峻天皇を暗殺し、馬子の姪で敏達天皇の后であった**推古天皇**が即位した(日本初の女性天皇)。

内容 厩戸王(聖徳太子)と蘇我馬子は、推古天皇を補佐して国内統治、外交の確立、仏教文化の導入などに努めた。

> **! 関連事項**
>
> 仏教興隆策がとられ、蘇我氏の飛鳥寺(法興寺)など豪族の氏寺が建立された。

背景 5世紀後半ごろに成立した氏姓制度では豪族の家柄が重視され、氏単位に職務を分掌した。

内容 徳・仁・礼・信・義・智を大小に分けて12階とし、世襲ではなく才能・功績に応じて冠位を個人に与える制度で、人材登用の道を開き、役人の組織を再編成することを目的とした。

▲ヤマト政権の支配構造

内容 重要な内容は、役人が協力すること(1条)、仏教崇拝の勧め(2条)、大王(天皇)への服従(3条)である。

参考 仏教や儒教などの思想にもとづいて、朝廷の役人としての心得を示した。近現代の憲法とは意味合いが異なり、源流にもなっていない。

> **◇ 史料**
>
> **憲法十七条**
> 一に曰く、和を以て貴しとなし、忤ふること無きを宗とせよ。
> 二に曰く、篤く三宝を敬へ。
> (以下略)
>
> (『日本書紀』)

飛鳥時代

13　★**607**年　小野妹子を隋に派遣（遣隋使）

妹子らが　群れなし渡る　隋の国
6 0 7

関連人物　煬帝…高句麗と対立していたため倭と国交を結んだ。

14　★**630**年　第1回遣唐使の派遣

御田鍬が　睦みを結ぶ*　遣唐使
6 3 0

*睦み＝仲良くすること。

関連年代　614年…犬上御田鍬らを隋に派遣（最後の遣隋使）。

15　★**645**年　乙巳の変（蘇我蝦夷・入鹿滅亡）

入鹿らは　虫殺すように　滅亡し
64 5

関連人物　中臣鎌足…死の直前に藤原姓が贈られた。

16　★**646**年　改新の詔

改新も　むしろ負担が　増す公民
6 4 6

関連人物　孝徳天皇…646年正月、難波で「改新の詔」を発した。

内容 **小野妹子**が持参した「日出づる処の天子、…」の国書に隋の皇帝**煬帝**は怒ったが、608年に**裴世清**を答礼使として日本へ送った。

結果 609年裴世清の帰国の際、**高向玄理・南淵請安・旻**らが留学生・学問僧として隋へ行き、進んだ政治制度・文化などを学んで帰国した。

🔍 **もっとくわしく**

『隋書』倭国伝に記されている600年の遣隋使について、『日本書紀』には記録がない。589年に中国を統一した**隋**は大運河の建設などで疲弊し、618年に滅んだ。

内容 618年**唐**がおこり、630年に**犬上御田鍬**が大使として派遣された。

参考 8世紀には、遣唐使は約20年に1回の割合で派遣され、多いときには500人以上が4隻の船に分乗して渡航したため「よつのふね」とも呼ばれた。

▲遣唐使の航路

内容 **中大兄皇子**や**中臣鎌足**は蘇我氏の横暴を抑えるとともに中央集権国家づくりをめざして、**蘇我蝦夷・入鹿**父子を滅ぼした（**乙巳の変**）。

結果 皇極天皇は退位（のちに重祚して斉明天皇）して、**孝徳天皇**、皇太子中大兄皇子、内臣に中臣鎌足、国博士に高向玄理・旻の新政府が発足した。

🔍 **もっとくわしく**

このとき左大臣に阿倍内麻呂、右大臣に蘇我倉山田石川麻呂が任命された。

経過 飛鳥から**難波**に遷都し、初めて年号を定めて**大化**とし、**孝徳天皇**の時代には**大化改新**といわれる一連の政治改革が推進された。

内容 **公地公民制**の原則、地方行政区画の設定、戸籍・計帳の作成、班田収授の実施、全国一律の税制の実施などの方針を明らかにした。

❗ **関連事項**

国・郡・里の行政単位は、大宝律令が制定される以前には国・評・里であったことが、藤原京や難波宮などから出土した木簡で判明した。

17 ★663年 白村江の戦い
（はくすきのえ）
はくそんこう

白村江 むろん惨敗 日本軍
はくそんこう　　　　　さんぱい　　に ほんぐん
6　　6　　3

| 関連人物 | 阿倍比羅夫…斉明天皇の時代に蝦夷を征討した。 |

---

18 667年 近江大津宮に遷都
おうみおおつのみや

都はどこへ むろんなじみの 近江大津
みやこ　　　　　　　　　　　　　　　　　おうみおおつ
6　　6　7

| 関連人物 | 大友皇子…天智天皇の皇子で、近江に拠点を置いた。 |

---

19 ★670年 庚午年籍の作成
こう ご ねんじゃく

初戸籍 労なおありしも こうご期待
はつ こ せき　　　ろう　　　　　　　　　　　　　　き たい
6　7　0　　　　　　　　　　　　　庚午年籍

| 関連年代 | 690年…持統天皇のもとで庚寅年籍が作成された。 |

---

20 ★672年 壬申の乱
じんしん

壬申戦 大海人軍の 禄何さ
じんしんせん　おお あ　まぐん　　ろくなに
6　72

＊禄＝仕官する者に与えられる手当。

| 関連人物 | 大海人皇子…天智天皇の弟で、大友皇子の叔父。 |

内容 660年に**百済**が滅び、救援要請を受け朝鮮半島へ向かったが、**唐・新羅**連合軍に大敗した。

結果 この後、唐・新羅の侵攻に備えて**大宰府**北方に**水城**が建設され、**防人**や烽が配備された。さらに、対馬から大和にかけて**大野城**や**基肄城**などの朝鮮式山城を築き、国防の充実を図った。

!　**関連事項**

出兵準備を進めていた斉明天皇が筑紫朝倉宮で亡くなると、中大兄皇子が即位せずに政務をとり（称制）、阿倍比羅夫らを派兵した。

経過 倭は**白村江**の戦いで敗れた後、国防を強化するとともに琵琶湖に面し水上交通の要衝である**近江大津宮**へ遷都し、**中大兄皇子**は翌668年に即位して**天智天皇**となった。

参考 奈良時代には聖武天皇が近江の**紫香楽宮**へ遷都した。

!　**関連事項**

古代の主な遷都 近江大津宮（667年）→飛鳥浄御原宮（672年）→藤原京（694年）→平城京（710年）→恭仁京（740年）→難波宮（744年）→紫香楽宮（744年）→平城京（745年）→長岡京（784年）→平安京（794年）

内容 **天智天皇**は日本初の全国的な戸籍として**庚午年籍**を作成した。

参考 公地公民制の確立とともに、新羅に侵攻された際に動員可能な人口調査の目的もあったとされている。668年には**近江令**が制定されたといわれるが、完成を否定する説もある。

🔍　**もっとくわしく**

『日本書紀』に、この年法隆寺が焼けたとあり、若草伽藍跡の発掘で金堂や五重塔などの再建が明確になった。

内容 天智天皇の死後、吉野へ逃れていた**大海人皇子**が大友皇子の軍を破り、**天武天皇**になった。

結果 飛鳥浄御原宮へ遷都した天皇は、**八色の姓**を制定し、飛鳥浄御原令や国史の編纂を命じるなど、天皇を中心とする中央集権国家体制の形成を推進した。

🔍　**もっとくわしく**

中国の道教思想の影響や国家意識の高揚で、このころから大王にかわって「天皇」、倭にかわって「日本」が用いられるようになり、天皇の神格化もみられた。

21 684年
八色の姓の制定

真人を授ける

豪族に 老婆心ながら 姓やる
6 8 4

関連人物　柿本人麻呂…天皇を神格化する和歌を詠んだ。

---

22 689年
飛鳥浄御原令の施行

明日からは 無役の人も 役人に
飛鳥浄御原令　　6 89

関連人物　持統天皇…草壁皇子の母で、文武天皇の祖母。

---

23 ★694年
藤原京に遷都

藤原京 都に向くよと 持統言い
6 9 4

関連年代　794年…平安京へ遷都。藤原京遷都の100年後。

---

24 ★701年
大宝律令の完成

大宝の 名をいつまでも 残したい
7 0 1

関連人物　文武天皇…治世中に大宝律令が完成した。

背景 皇親政治を推進する**天武天皇**は、豪族の私有民を廃止し、新しい中央集権国家体制の中核を担う官僚制を確立する政策を打ち出した。

内容 真人・朝臣・宿禰・忌寸・道師・臣・連・稲置の8つの姓が制定され、豪族を新しい身分秩序に編成した。

⚠ **関連事項**

天皇権威の高揚（『万葉集』）
大君は 神にしませば 天雲の 雷の上に いほりせるかも（柿本人麻呂）
大君は 神にしませば 赤駒の はらばふ田居を 都となしつ（大伴御行）

内容 天武天皇が編纂を命じた**飛鳥浄御原令**を、皇后から即位した**持統天皇**が引き継いで完成し、施行した。

参考 飛鳥浄御原令の施行にもとづき、翌690年には農民支配の基本台帳である**庚寅年籍**が作成され、これ以降に班田収授が始まったといわれる。

⚠ **関連事項**

仏教の興隆が推進され、都には大官大寺や薬師寺が建立された。地方豪族も寺院を建て、仏教文化が急速に発展した。

内容 中国の都城を模倣した日本初の本格的都城で、大和三山を京域内に含む地に造営され、持統・文武・元明天皇3代の都であった。

参考 7世紀後半の天武・持統天皇の時代には遣唐使は派遣されなかったものの、初唐の文化の影響で**白鳳文化**が隆盛した。

▲藤原京

内容 **刑部親王**を中心に**藤原不比等**らが作成し、律（刑法）と令（行政法・民法）が完備された。

結果 祭祀をつかさどる**神祇官**と政務を統括する**太政官**の二官が置かれ、太政官のもとで**八省**が政務を分担した。地方は**畿内**と**七道**に区分され、国・郡・里が置かれた。

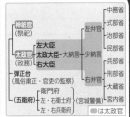

▲律令国家の中央官制

25 **708**年 和同開珎の鋳造
（かいほう）

和同銭 集めたならば 質をやれ

7　0　8

関連年代 958年…乾元大宝の鋳造。

---

26 ★**710**年 平城京に遷都
（へいぜいきょう）

平城京 なんとみごとな 都かな

7　10

関連年代 672年…飛鳥浄御原宮へ遷都。

---

27 ★**712**年 『古事記』の完成

古事記さえ ナイフで刻む 安万侶さ

7　1　2

関連年代 713年…『風土記』の撰進が命じられる。

---

28 ★**718**年 藤原不比等らが養老律令を撰定

養老は 違いはないや 大宝と

7　1　8

関連年代 833年…『令義解』の完成。

内容 武蔵国から銅が献上されたことを受けて、元明天皇は年号を和銅と改め、銅銭・銀銭の2種類が発行された。

結果 当時の日本は稲や布を交換手段とする経済だったので都の周辺以外ではほとんど流通せず、政府は711年に蓄銭叙位令を出した。

天武天皇の時代には**富本銭**が鋳造された。和同開珎以降、乾元大宝まで12種類の銭貨が鋳造され、「**本朝(皇朝)十二銭**」と呼ばれたが、富本銭が見つかったことで13種類となった。

内容 奈良盆地北端の交通の要所を選んで、**元明天皇**のときに遷都した。

結果 唐の都長安にならい、南北に走る**朱雀大路**を中央にして左京・右京に分け、**条坊制**によって碁盤目状に区画された。東側の**外京**に興福寺などがあった。

						正倉院
一条北大路		平城宮				
一条南大路						
三条大路		右		左		東大寺
五条大路		京		京		
七条大路						興福寺
九条大路	西市			東市		
	四大坊門	二大坊門	朱雀大路	二大坊門	四大坊門	

▲平城京

経過 **天武天皇**の命で稗田阿礼が暗誦した「**帝紀**」(大王の系譜)と「**旧辞**」(古い伝承)を、**太安万侶**(安麻呂)が筆録した日本最古の歴史書で、**元明天皇**に献上された。

内容 神代から推古天皇までの歴史について、漢字の音訓の読み方を併用して書かれている。

元明天皇は『風土記』の撰進を命じ、諸国の由来や産物などをまとめた地誌が編纂された。**出雲・常陸・播磨・豊後・肥前**の風土記が現存し、出雲のみほぼ全文が残っている。

内容 藤原不比等を中心に大宝律令の修正版としたが、内容上の大きな変更はなかった。

結果 平安前期に完成した『**令義解**』(公式解釈書)によって令の大半が現存しているが、律はほとんど残っていない。のちに律令の規定を補足・改正する**格**や、施行細則の**式**が制定された。

養老律令は制定後約40年間施行されず、不比等の孫仲麻呂(恵美押勝)によって施行された(757年)。

29 720年 『日本書紀』の完成

神の代の 何を伝える 日本書紀
72 0

関連人物　元正天皇…母元明天皇から皇位継承された女性天皇。

30 ★★ 723年 三世一身法の施行

三世法 何見て決めた 3代と
72 3

関連年代　722年…百万町歩の開墾計画。

31 727年 渤海使が初めて来日（～929）

何々と 人々集まる 渤海使
72 7

関連人物　聖武天皇…渤海使と謁見し親書と産物を献上された。

32 ★ 729年 長屋王の変

長屋王 何苦労なく 倒されて
72 9

関連人物　光明子…悲田院や施薬院を設けた。

内容 舎人親王が中心となり元正天皇のときに完成した。神代から持統天皇までの歴史を、漢文・編年体で記している。

結果 次いで奈良時代を記録した『続日本紀』が編纂され、醍醐天皇の時代に六国史の最後『日本三代実録』が完成した。

六国史	範囲	おもな編者
日本書紀	神代〜持統	舎人親王
続日本紀	文武〜桓武	藤原継縄
日本後紀	桓武〜淳和	藤原緒嗣
続日本後紀	仁明	藤原良房
日本文徳天皇実録	文徳	藤原基経
日本三代実録	清和〜光孝	藤原時平

▲六国史

内容 班田農民の浮浪・逃亡による口分田の荒廃、人口増加による口分田不足に対し、新たに灌漑施設をつくって開墾すれば三世、もとの施設を用いて開墾すれば本人一代の私有を認めた。

経過 この政策は長屋王政権が元正天皇のもとで行った。

🔍 **もっとくわしく**

長屋王政権は前年に農民に食料・農具を支給するなどの百万町歩の開墾計画を立てたが、実現しなかった。

背景 7世紀末、中国東北部から朝鮮半島北部では、靺鞨族や旧高句麗人を中心として渤海が建国された。

内容 渤海は唐・新羅と対立関係にあったことから、日本に使節を派遣して国交を結び、友好な関係を続けた。

🔍 **もっとくわしく**

10世紀前半に渤海が滅びるまでの間、渤海使は30回以上来日し、都や越前、能登に置かれた迎接施設に滞在して厚遇された。

内容 藤原不比等の死後、天武天皇の孫の長屋王が政権を握ったが、不比等の子の4兄弟の策謀により自殺に追い込まれた。

結果 不比等の子の光明子が皇族以外としては初めて聖武天皇の皇后となったが、4兄弟は疫病のため次々と死亡した。

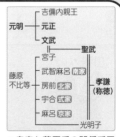

▲皇室と藤原氏の関係系図

33 ★**740**年 藤原広嗣の乱

乱おこす 広嗣の名知れ 橘氏
7　4　0

関連人物　藤原広嗣…式家の祖宇合の子。

34 **741**年 国分寺建立の詔

国分寺 質よい寺を 全国に
7　4　1

関連人物　聖武天皇…遺品が東大寺正倉院に寄進された。

35 ★★**743**年 墾田永年私財法の発布

開墾の 制限なしさ 私財法
7　4　3

関連人物　橘諸兄…聖武天皇のもとで墾田永年私財法を発布。

36 ★**743**年 大仏造立の詔

大仏で 国難なしさと 聖武言い
7　4　3

関連人物　行基…東大寺大仏の造立に協力し、大僧正となった。

背景 藤原不比等の子の四兄弟の死後、皇族出身の橘諸兄が政権を担当し、唐から帰国した吉備真備や玄昉を重用した。

結果 これに不満をもった式家の藤原広嗣が大宰府で大規模な反乱をおこしたが、追討軍によって鎮圧され、敗死した。

🔍 もっとくわしく

この反乱に驚いた聖武天皇は、恭仁京(山背国)→難波宮(摂津国)→紫香楽宮(近江国)と都を移した。

内容 聖武天皇は仏教を厚く信仰し、仏教により世の中を平和に治めようと考えて(鎮護国家の思想)、この詔を恭仁京で出した。

結果 国ごとに金光明四天王護国之寺(国分寺)と法華滅罪之寺(国分尼寺)を建て、護国の法会を行わせた。

❕ 関連事項

南都六宗(三論・成実・法相・倶舎・華厳・律)は仏教理論を研究する集団で、民間布教はしない。

内容 三世一身法では、私有期限が近づくと農民が耕作を放棄し、田は荒廃した。そこで墾田の永久私有を認めることになった。

結果 この結果、東大寺などが浮浪人らを用いて開発を行い、初期荘園が成立したことで、次第に公地公民の原則が崩れていった。

🔍 もっとくわしく

律令を修正する法を格といい、三世一身法(養老七年の格)を廃して墾田永年私財法(天平十五年の格)を定めた。

内容 聖武天皇は仏教のもつ鎮護国家の思想にもとづいて盧舎那大仏の造立を命じたが、国家財政を圧迫し、農民は重労働を強いられた。

結果 大仏造立の詔は紫香楽宮で発せられたが、平城京に還都後は、総国分寺である東大寺に事業は移された。9年後の752年に完成した。

▲東大寺大仏

37 752年 東大寺大仏開眼供養

東大寺 なんてごっつい 大仏さん
7　5　2

関連人物　孝謙天皇…聖武天皇の皇女で、母は光明皇后。

38 757年 橘奈良麻呂の変

奈良麻呂の 名はこんなにも 失墜し
7　5　7

関連人物　藤原仲麻呂…南家の祖の藤原武智麻呂の子。

39 759年 唐招提寺の建立

当初から 南国好きな 鑑真さん
唐招提寺　　　7 59

関連年代　753年…鑑真が来日し、翌年平城京に入る。

40 ★764年 恵美押勝（藤原仲麻呂）の乱

あーー!!
無視したー
あー!

仲麻呂は 名無視されて 乱おこす
7　6　4

関連人物　淳仁天皇…『日本書紀』を編纂した舎人親王の子。

内容 聖武太上天皇・光明皇太后・孝謙天皇や貴族・僧ら1万人以上が見守る中、インド僧らを招いて開眼供養が盛大に行われた。

背景 当時の日本は東アジア世界において、新羅を従えて唐に次ぐ帝国になる狙いがあったので、大規模な儀式になったと考えられる。

▲東大寺大仏殿

背景 孝謙天皇の時代、南家の藤原仲麻呂は光明皇太后の後ろ盾を得て急速に台頭し、橘諸兄の権力を圧倒するようになった。

内容 橘諸兄の死後、子の橘奈良麻呂は藤原仲麻呂の政権を倒すため挙兵を試みたが、事前に発覚して失敗に終わった。

🔍 **もっとくわしく**

挙兵にあたっては、橘奈良麻呂以外にも大伴氏をはじめとする多くの勢力が加わる予定だった。奈良麻呂は捕らえられて獄死した。

背景 唐の高僧鑑真は日本への渡航に何度も失敗し、盲目となりながらも日本へ来た。

結果 鑑真は律宗や戒律を伝え、東大寺に戒壇(僧となるための戒律を授ける施設)を設け、次いで唐招提寺を創建した。のちに筑紫観世音寺と下野薬師寺にも戒壇が置かれた(本朝三戒壇)。

▲鑑真像

背景 **藤原仲麻呂**は官職名を唐風にし、淳仁天皇を擁立して即位させると天皇から唐風名の恵美押勝を賜り、権力を独占した。

内容 孝謙太上天皇は道鏡を寵愛したので、仲麻呂は道鏡打倒の兵をあげたが、敗死した。淳仁天皇は廃位された。

🔍 **もっとくわしく**

- 奈良時代は女性天皇の多い時代であった。元明・元正・孝謙・称徳(孝謙が重祚)の3人(4代)。
- 譲位した天皇を太上天皇という。のちに上皇の呼称が一般化した。

41 **770**年 　道鏡を下野国薬師寺別当に追放

道鏡の 名なれの果てか 下野へ
　　　　 7　7　0

関連人物　和気清麻呂…宇佐八幡神託事件で大隅へ配流。

42 ★**784**年 　長岡京に遷都

長岡の 名は知られずに おかんむり
　　　　 7　8　4
　　　　　　　　　　　　　　　桓武天皇

関連年代　785年…造長岡宮使の藤原種継が暗殺される。

43 **792**年 　健児を置く

しくしくしく

郡司らは 泣くに泣けない 健児だ
　　　　　 7　9　2

関連人物　桓武天皇…光仁天皇の皇子。

44 ★★**794**年 　平安京に遷都

ホーホケキョ

美しく 鳴くよ鶯 平安京
　　　　 7　9　4

関連人物　藤原緒嗣…徳政相論で菅野真道を論破した。

背景 孝謙太上天皇は重祚して**称徳天皇**となり、**道鏡**が太政大臣禅師、次いで法王となって仏教勢力による政治を行った。

結果 **宇佐八幡神託事件**で道鏡を天皇にする企みは和気清麻呂らによって阻止され、称徳天皇の死後、道鏡は下野国薬師寺別当に左遷された。

🔍 **もっとくわしく**

道鏡失脚後、式家の藤原百川らが天智天皇の孫の**光仁天皇**を立て、天武系の皇統は断絶した。

内容 **桓武天皇**は平城京での貴族の抗争や僧の政治介入を嫌い、水運のよい**長岡京**に遷都した。

結果 造長岡宮使の藤原種継の暗殺に関わった疑いで皇太弟早良親王が配流されて亡くなると、母高野新笠が死去するなど天皇の周辺で不幸が続いたため、794年に**平安京**に再遷都した。

▲古代の宮都

■は推定の宮跡

背景 唐や新羅の国内混乱によって東アジアの国際的緊張が緩和していた。

内容 **桓武天皇**は平安京遷都前の長岡京時代に、東北や九州などの一部地域を除いて軍団と兵士を廃止し、郡司の子弟や有力農民の志願から構成される少数精鋭の**健児**を採用した。

⚠ **関連事項**

律令制では、兵役は正丁3～4人に1人が兵士として徴発される規定であった。兵士は各地の軍団に配属され、一部は宮中警備を担う衛士や九州防衛を担う防人となった。

内容 **桓武天皇**は**平安京**に再度都を移し、山背国を山城国と改称した。平安京遷都から鎌倉幕府が開かれるまでの約400年間を**平安時代**という。

結果 藤原緒嗣の進言により、国家財政や民衆にとって大きな負担となっていた軍事と造作（蝦夷征討と平安京造営）が中止された。

⚠ **関連事項**

桓武天皇は班田を6年1班から12年1班、雑徭を半分の30日とし、令外官の**勘解由使**を設置し国司の交代時の不正を防ぐ改革を行った。

45 ★802年 坂上田村麻呂が胆沢城を築く

田村麻呂 晴れに築いた 胆沢城
8　0　2

関連年代〈 780年…伊治呰麻呂の乱。

46 ★810年 平城太上天皇の変（薬子の変）

はっとした 太上天皇 変おきて
8　10

関連人物 藤原冬嗣…勅撰漢詩集『文華秀麗集』を編纂した。

47 ★823年 大宰府管内に公営田制を実施

公営田 初見えしたぞ 大宰府内
82　3

関連年代〈 879年…畿内に官田を設定。

48 ★828年 空海が綜芸種智院を設立

空海が 建てる種智院 野次はなし
8　2　8

関連年代〈 806年…空海が唐から帰国、真言宗を伝える。

経過 奈良時代末の伊治呰麻呂以来、蝦夷の反乱が続き、**坂上田村麻呂**が征夷大将軍としてこれを鎮圧し**阿弖流為**を捕らえた。

結果 北上川中流に**胆沢城**を築き、**鎮守府**を多賀城からここに移し、翌803年には北方に志波城を築いて東北経営の前衛拠点とした。

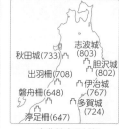

志波城(803)
秋田城(733)
胆沢城(802)
出羽柵(708)
伊治城(767)
磐舟柵(648)
多賀城(724)
淳足柵(647)

▲東北地方の城柵

背景 **平城太上天皇**は藤原薬子・仲成と結び、平城京再遷都を策し、弟の嵯峨天皇と対立した。

内容 嵯峨天皇は軍を送り仲成は敗死、薬子は自殺した。事件に際して天皇の秘書官長として**蔵人頭**を設置し、**藤原冬嗣**らを任命した。また、治安維持を目的に**検非違使**を令外官として新設した。

 関連事項

令外官とは大宝律令制定後に新設された官職である。奈良時代には中納言や参議など、平安時代には押領使や追捕使などが置かれた。

背景 農民の浮浪・逃亡・偽籍などのために中央政府への調・庸などの納入が減少した。地方豪族や有力農民が納税を拒否する動きも広まった。

結果 中央政府の財源確保のため、**大宰府**管内に国家が直営する**公営田**を設け、有力農民(田堵)らが開発した。

関連事項

公営田のほか、畿内に官田、天皇家のために勅旨田などが開発された。天皇と親密な関係にあった院宮王臣家は私的に土地を所有して、権門勢家へと発展した。

背景 **空海**は真言宗を伝え、高野山の**金剛峯寺**を総本山とし、嵯峨天皇からは教王護国寺(東寺)を賜った。

内容 庶民教育機関として**綜芸種智院**を開いた。空海は漢詩文の名手(『性霊集』)で、書道も三筆のうちの一人(『風信帖』)。

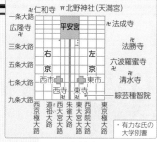

仁和寺　北野神社(天満宮)
一条大路
広隆寺　　平安宮
　　　　　　　　法成寺
三条大路
右　　　　左　　法勝寺
五条大路
京　　　　京　　六波羅蜜寺
七条大路　西市　東市　清水寺
　　　西寺　東寺
九条大路　　　　　　綜芸種智院

・有力な氏の大学別曹

▲平安京

49 ★**842**年 承和の変

良房の 野心に異常は ありません
8　4　2　　承和の変

関連年代 833年…清原夏野らが『令義解』を編纂。

50 ★**858**年 藤原良房が人臣初の摂政となる

天皇の 世話を焼こうや 初摂政
清和天皇　8　5　8

関連人物 清和天皇…母は藤原良房の娘明子。

51 ★**866**年 応天門の変

放火した 野郎無謀は お手のもの
8　6　6　　　　応天門の変

関連人物 源 信…一時応天門放火の嫌疑を受けたが藤原良房に救われた。

52 ★**884**年 藤原基経が関白となる（関白の初め）

基経は はやしたてられ 関白に
8　8　4

関連年代 887〜888年…阿衡の紛議。

内容 謀反の罪で伴（大伴）健岑・橘逸勢（嵯峨天皇・空海とともに三筆の一人）らが流罪となり、恒貞親王は皇太子を廃された。

結果 藤原良房は甥の道康親王（のちの文徳天皇）を皇太子にすることに成功した。良房は北家の優位を確立し、太政大臣・摂政を歴任した。

もっとくわしく

嵯峨天皇は、『弘仁格式』や『令義解』の編纂など律令体制の再建に努めた。

背景 藤原氏は娘を天皇に嫁がせ、生まれた皇子が即位することで、天皇家との外戚関係を確立し、次第に天皇も藤原氏を抑制できなくなった。

内容 幼少の清和天皇が即位すると藤原冬嗣の子良房が事実上の摂政に就き（正式には866年）、天皇の政務を代行した。

関連事項

嵯峨・清和・醍醐天皇の時代に、それぞれ『弘仁格式』・『貞観格式』・『延喜格式』が編纂された（三代格式）。

内容 左大臣源信を失脚させるため、応天門の放火事件の犯人に仕立てようとした大納言の伴善男らが流罪となった。

結果 この事件をきっかけに、藤原良房は正式に摂政に就任した。

▲応天門炎上

内容 この年、陽成天皇を譲位させた藤原基経は光孝天皇即位の際に、事実上の関白となった（正式には887年）。

結果 のち宇多天皇の勅書に抗議して基経は政務を放棄。結局、宇多天皇は改めて基経を関白に任じ（阿衡の紛議）、関白の政治的地位が確立した。

関連事項

藤原基経の死後、藤原氏を外戚（母方の親戚）としない宇多天皇は菅原道真を登用し、藤原氏権力の制約を図った。

53 ★★**894**年 遣唐使の派遣中止

道真が 白紙に戻す 遣唐使
89 4

| 関連年代 | 907年…唐の滅亡。 |

54 **901**年 菅原道真を大宰権帥に左遷

道真の 暮れ行く余生 大宰府で
9 0 1

| 関連人物 | 菅原道真…宇多・醍醐天皇に仕えた文章博士。 |

55 ★**902**年 延喜の荘園整理令

荘園が 暮れには整理 縁起よし
9 0 2
延喜の荘園整理令

| 関連年代 | 1069年…延久の荘園整理令。 |

56 **905**年 『古今和歌集』ができる

貫之が 句をご覧よと 古今集
9 0 5

| 関連年代 | 1205年…『新古今和歌集』の成立。『古今和歌集』の300年後。 |

経過 安史の乱（8世紀後半）・黄巣の乱（9世紀後半）などによる唐の衰退や航海上の危険を理由に、**菅原道真**が**宇多天皇**に提案し中止された。

結果 これ以前は漢詩文の作成や唐風儀式の導入など唐風文化の最盛期だったが、これ以降**国風文化**が発達することになる。

！ 関連事項

838年の遣唐使が実質的に最後の派遣となり、これに同行した天台宗の僧の円仁は帰国するまでの苦労を『入唐求法巡礼行記』にまとめた。

背景 藤原基経の死後、宇多天皇、続く**醍醐天皇**は天皇親政を行った。

内容 左大臣**藤原時平**の策謀により、謀反の疑いをかけられた右大臣**菅原道真**は大宰権帥に左遷。流布した道真の祟りは御霊信仰と結びついて恐れられ、京都には**北野天満宮**がつくられた。

！ 関連事項

菅原道真は六国史を部門別に分類した『類聚国史』や漢詩集『菅家文草』を著し、藤原時平らとともに最後の六国史『日本三代実録』の編纂にも参加した。

内容 拡大する荘園を停止し律令制＝公地公民制の再建を図ったが、この年の班田実施以降班田の記録がなく、失敗に終わった。

参考 醍醐**天皇**は摂政・関白を置かずに天皇親政を行い、10世紀半ばの村上天皇の治世とあわせて「**延喜・天暦の治**」と称えられた。

！ 関連事項

10世紀半ばの天暦の治では、『後撰和歌集』（第二番目の勅撰和歌集）が編纂され、「本朝（皇朝）十二銭」の最後となる乾元大宝が発行されるなどした。

内容 醍醐**天皇**の命によるわが国初の勅撰和歌集で、**紀貫之**（『土佐日記』）らが編集した。これ以降、鎌倉時代初めの『新古今和歌集』までを総称して八代集という。

背景 **かな文字**の発達や在原業平・小野小町ら六歌仙の活躍などが背景となった。

！ 関連事項

平安時代前期は漢詩が中心で、814年に嵯峨天皇の命によって初の勅撰漢詩集の『凌雲集』が編まれた。

57　★939年　平将門の乱・藤原純友の乱（〜41）

将・純が　苦策で反乱　いい天気

平将門　藤原純友　9 39　　　　天慶の乱

関連人物 朱雀天皇…藤原忠平を摂関とし治世中に天慶の乱が勃発した。

58　★969年　安和の変

腹黒い藤原め!!

藤原が　左遷案内　腹黒く

安和の変　96 9

関連人物 源高明…醍醐天皇の皇子で臣籍降下した。

59　985年　源信が『往生要集』を著す

源信の　往生要集　苦は拒む

9 8 5

関連人物 空也…浄土教の教えを京で説き、「市聖」と呼ばれた。

60　★988年　尾張国郡司百姓等が国司の非法を訴える

元命を訴えます!!

尾張では　苦はやめてねと　解文出す

9 8 8

＊解文＝下級者が上級者宛に出す文書。

関連人物 藤原陳忠…貪欲な受領として知られる。信濃国司。

036

内容 関東地方で**平将門**（新皇を自称）が、瀬戸内地方で**藤原純友**が反乱をおこし、941年まで続いた。2つの乱をまとめて**天慶の乱**という。

結果 平貞盛・藤原秀郷らが平将門の乱を、源経基（清和源氏の祖）・小野好古らが藤原純友の乱を鎮圧した。

！ **関連事項**

地方武士の実力を示したことで、武士は、検非違使・滝口の武者や押領使・追捕使などに任命され、朝廷や貴族の**侍**として奉仕した。

内容 左大臣**源高明**が謀反の疑いをかけられて大宰府に左遷された。藤原実頼が摂政となり、以降摂政・関白が常置されるようになった。

結果 これ以降藤原氏の氏長者をめぐる内紛が続いたが、**藤原道長**が甥伊周との抗争に勝ち、道長・頼通のとき**摂関政治**の最盛期となった。

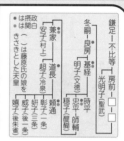

▲藤原氏の系図

内容 10世紀半ば**空也**が京の人々に念仏を説き、少し遅れて比叡山で修行した**源信**（恵心僧都）が『**往生要集**』を著し、浄土信仰を確立した。

背景 浄土教は、疫病の流行など社会不安の増大と、**末法思想**の流行により広まり、慶滋保胤の『日本往生極楽記』などの往生伝も著された。

▲空也像

内容 尾張国の国司**藤原元命**の暴政を、同国の郡司や有力農民（**田堵**ら）が朝廷に訴えた。

背景 律令体制のゆきづまりで10世紀以降、徴税請負人化していた国司は田堵から多額の税をとり、朝廷に一定額の税を納めればよかったので利権視され、**成功**や**重任**の風潮が盛んだった。

！ **関連事項**

国司のうち現地に赴任する最上席者を**受領**、現地に行かず、**目代**などを派遣し収入を得る者を**遥任**（国司）という。受領が赴任しない国衙を留守所といい、現地の**在庁官人**が実務をとった。

61 ★**1016**年　藤原道長が摂政となる

道長は 遠いむかしの 摂政だ
10　1　6

いろいろあったね～

関連年代　**1017年**…藤原道長が太政大臣となる。

---

62 ★**1019**年　刀伊の入寇

へ？

刀伊急に 九州襲いに やってきた
10　1　9

関連人物　藤原隆家…大宰権帥として赴任中、九州の武士を率いて刀伊を撃退。

---

63 ★**1028**年　平忠常の乱（〜31）

忠常参上!!

忠常は 人を増やして 乱おこす
1　0　2　8

関連人物　源頼信…満仲の子で、頼光の弟。

---

64 **1052**年　末法第1年

アハハ

末法も 人を護持すりゃ 極楽だ
1　0　5　2

＊護持＝尊んでまもること。

関連人物　藤原頼通…後一条・後朱雀・後冷泉天皇の摂関。

内容 藤原道長は後一条天皇が即位すると**摂政**となり、続く後朱雀・後冷泉天皇の時代も外戚として実権を握った。国政の重要問題については、公卿が陣定で審議し、天皇が決裁した。
参考 藤原道長は日記『御堂関白記』を著し、法成寺を建立した。

! **関連事項**

1018年、藤原道長は自身の栄華を満月にたとえて歌を詠んだ。「此の世をば　我が世とぞ思ふ　望月の欠けたることも　無しと思へば」(藤原実資『小右記』)

内容 中国の沿海州地方に住む**女真人(刀伊)**が対馬・壱岐から博多湾に襲来した。
結果 大宰権帥の**藤原隆家**が九州の武士たちを指揮し、これを撃退した。このことは、当時の九州にも武士団がつくられつつあったことを示している。

▲刀伊の入寇

内容 上総・下総で勢力を強めた**平忠常**が国司と対立し、反乱をおこした。
結果 朝廷は最初、平直方に追討を命じたが失敗。改めて**源頼信**が追討のため関東へ向かうと、忠常は戦わずして降伏した。この結果、関東の平氏は衰退し、東国に源氏の勢力が広がっていった。

! **関連事項**

前年の1027年に藤原道長が亡くなっており、平忠常の乱がおこったときは、子の頼通が後一条天皇の関白としての地位にあった。

内容 釈迦の死後2000年経つと**末法**の世となり、1052年がその初年にあたるとされ、社会は混迷するという**末法思想**が説かれた。
背景 源信の**『往生要集』**や往生伝(慶滋保胤の『日本往生極楽記』など)の流布で、貴族の極楽往生の願望は高まっていた。

! **関連事項**

1053年に藤原頼通が平等院鳳凰堂を完成させ、定朝が制作した寄木造の阿弥陀如来像が本尊として安置された。

☑①57年の奴国（なこく）からの遣使に対して、金印を授けた後漢（ごかん）の皇帝はだれか？	① 光武帝（こうぶてい）
☑②3世紀の邪馬台国（やまたいこく）の様子を伝える中国の史料は何か？	② 『魏志（ぎし）』倭人伝（わじんでん）
☑③478年に南朝の宋（そう）に遣使した倭王（わおう）はだれか？	③ 武（ぶ）
☑④538年に倭へ仏像や経論を伝えた百済（くだら）の王はだれか？	④ 聖明王（せいめいおう）
☑⑤608年に来日した隋の答礼使はだれか？	⑤ 裴世清（はいせいせい）
☑⑥630年に最初の遣唐使（けんとうし）として派遣されたのはだれか？	⑥ 犬上御田鍬（いぬかみのみたすき）
☑⑦645年の乙巳の変（いっし）後に即位したのはだれか？	⑦ 孝徳天皇（こうとくてんのう）
☑⑧663年の白村江（はくそんこう）の戦い後、大宰府の北方に設置された土塁（はくすきのえ）の防衛施設は何か？	⑧ 水城（みずき）
☑⑨684年に八色（やくさ）の姓（かばね）を制定したのはだれか？	⑨ 天武天皇（てんむてんのう）
☑⑩690年に持統天皇のもとで作成された戸籍（こせき）は何か？	⑩ 庚寅年籍（こういんねんじゃく）
☑⑪701年に大宝律令を完成させた皇子（じとう）はだれか？	⑪ 刑部親王（おさかべしんのう）
☑⑫平城京（へいじょうきょう）など古代の都で採用された都市区画は何か？	⑫ 条坊制（じょうぼうせい）
☑⑬718年に養老律令（ようろう）を完成させた中心人物はだれか？	⑬ 藤原不比等（ふじわらのふひと）
☑⑭720年に『日本書紀（にほんしょき）』を完成させた中心人物はだれか？	⑭ 舎人親王（とねりしんのう）
☑⑮723年に三世一身法（さんぜいっしんほう）を施行した皇族はだれか？	⑮ 長屋王（ながやおう）
☑⑯741年に国分寺建立（こくぶんじこんりゅう）の 詔 （みことのり）を発したのはだれか？	⑯ 聖武天皇（しょうむてんのう）
☑⑰743年に制定された墾田永年私財法（こんでんえいねんしざいほう）にもとづいて、貴族や有力寺社が開発した土地を何というか？	⑰ 初期荘園（しょきしょうえん）
☑⑱743年の大仏造立（だいぶつぞうりゅう）の詔はどこで発せられたか？	⑱ 紫香楽宮（しがらきのみや）
☑⑲770年に下野国薬師寺別当（しもつけのくにやくしじべっとう）に左遷された僧侶はだれか？	⑲ 道鏡（どうきょう）
☑⑳802年に坂上田村麻呂（さかのうえのたむらまろ）が築いた城柵を何というか？	⑳ 胆沢城（いさわじょう）
☑㉑810年の平城太上天皇（へいぜいだいじょうてんのう）の変で蔵人頭（くろうどのとう）に就いたのはだれか？	㉑ 藤原冬嗣（ふじわらのふゆつぐ）
☑㉒842年の承和の変（じょうわ）で流罪となった三筆（さんぴつ）の一人はだれか？	㉒ 橘逸勢（たちばなのはやなり）
☑㉓866年の応天門の変（おうてんもん）で流罪となった大納言（だいなごん）はだれか？	㉓ 伴善男（とものよしお）
☑㉔969年の安和の変（あんな）で大宰府に左遷されたのはだれか？	㉔ 源高明（みなもとのたかあきら）
☑㉕1028年におこった平忠常の乱（たいらのただつね）を鎮めたのはだれか？	㉕ 源頼信（みなもとのよりのぶ）

Chapter
02

中世

Introduction	042～043
平安時代	044～045
平安～鎌倉時代	046～051
鎌倉時代	052～059
室町時代	060～075
・章末チェック	076

白河上皇が院政を始める
1086年 ▶p.044

天皇の座を息子に譲ったものの、やはり8歳では心もとない…

白河上皇

安心しなさい。これから日々の仕事は、お前に代わって父ちゃんがやろ（1086）う

ありがたき幸せ！

堀河天皇

それではもう一つ、父上にお願いがあります

ほほう、何だ？申してみよ

先生からたくさん宿題が出されていますので、手伝ってもらえませんか？

やけに難しい図形問題だなあ

弘安の役
1281年 ▶p.056

文永の役後、元軍は再び九州に襲来したが、防塁によって上陸を阻まれたうえ…

暴風雨で甚大な被害を受け、またしても退却を余儀なくされた

翌日…嵐が来なければ、我々は反撃できたはずだ

いや、そうでもないですよ

人気アイドルグループが緊急イベントを開くので、みんな帰りたがっていたこと、知りませんでした？

人には言（1281）えね、こんな敗因。私も行きたい…

南北朝の合体
1392年　▶p.064

吉野にいた南朝の後亀山天皇が京都に戻り、北朝の後小松天皇に譲位することになった

後亀山天皇　後小松天皇

両者の和解を仲介したのは将軍の足利義満であった

南北朝がようやく合体、一つさ国（1392）は！

実はもう一つ和解しておきたいものがあるのだ。それは冷えきってしまった正妻との関係。出会ったころがなつかしい

あの〜 すば〜らしい 愛を もう一度〜

将軍、昭和のフォークソングはちと古いです

応仁の乱
1467年　▶p.070

将軍の後継問題と管領家の家督争いが絡んで、応仁の乱が始まった

西軍　東軍

私にはわからない。なぜ無益な戦いを続けるのか？
人よむな（1467）しい、応仁の乱…

足利義政

私はもう政治の世界から離れて、この東山の地でひっそりと生きていくことにする

手始めに得意のDIYで銀閣を建てよう

早速ですが、その柱傾いております…

65 ★**1051**年 前九年合戦(〜62)

源氏来て 一応合意 前九年
1　0　5　1

関連人物　源頼義…頼信の嫡男。

---

66 ★**1069**年 延久の荘園整理令

とうろく〜

荘園を 登録しよう 記録所で
10　69

関連人物　大江匡房…後三条天皇に仕えた学者・歌人。

---

67 ★**1083**年 後三年合戦(〜87)

後三年 一応やみて 清勝利
1　0　8　3　清衡

関連人物　源義家…頼義の子で八幡太郎と号した。

---

68 ★★**1086**年 白河上皇が院政を始める

父ちゃんやろう!

院政は 父ちゃんやろうと 白河言い
10　8　6

関連年代　1129〜56年…鳥羽院政。1158〜79、81〜92年…後白河院政。

内容 陸奥国の豪族安倍頼時・貞任父子の反乱
で、陸奥守の源頼義が出羽国の豪族清原氏の
援助を得て鎮圧した（1062年）。清原氏が陸奥・
出羽国を支配するようになった。

参考 この合戦では頼義の子義家も活躍し、後
三年合戦で清原氏の内紛を鎮圧した。

▲前九年・後三年合戦

延久の荘園整理令

寛徳二年以後の新立荘園を
停止すべし。…国務に妨げ
あるものは同じく停止の由
宣下す。… （『百練抄』）

背景 当時の摂政・関白と外戚関係がなかった
後三条天皇は、増加する荘園を減らし、摂関
家の力を弱めようとした。

結果 荘園の証拠書類を厳正に審査するため記
録荘園券契所を設置し、基準に合わない荘園を
停止するなど、効力のある法令となった。

内容 前九年合戦後、陸奥・出羽国に勢力を広げ
た清原氏に内紛がおこり、陸奥守源義家が藤原
（清原）清衡を助けて1087年にこれを鎮圧した。

結果 源義家が武家の棟梁としての地位を固め、
清衡以降の奥州藤原氏が良馬と金を産出する東
北地方で独自の経済文化圏を確立した。

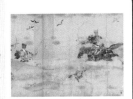

▲『後三年合戦絵巻』

内容 白河天皇は幼少の堀河天皇に譲位、自ら
は上皇として天皇を後見し、経済基盤として知
行国の制度を確立するなどして権力を振るった。

結果 院政では、上皇の院宣や院庁下文が詔勅
や太政官符よりも効力をもった。院政は白河・
鳥羽・後白河3上皇の約100年余り続いた。

！ 関連事項

白河天皇の法勝寺、堀河天
皇の尊勝寺など、天皇家に
よって六勝寺が造営された。
上皇は出家して法皇となり、
紀伊で高野詣・熊野詣など
を行い、逆に僧兵の強訴を
招いた。

69 ★ 1156年 保元の乱

もうやめる？ そうね

保元の 争乱終わって いいころだ
1 1 5 6

関連人物　鳥羽上皇…平清盛の父忠盛を登用した。

70 ★ 1159年 平治の乱

わ〜ん

源の 人々号泣 平治の乱
1 1 5 9

関連人物　源頼朝…義朝の子で平治の乱後、伊豆に流された。

71 ★ 1167年 平清盛が太政大臣となる

あれや これや　どうせ無理ばかり…

清盛は いい無理並べて 大丈夫？
1 1 6 7 　太政大臣

関連人物　安徳天皇…高倉天皇の皇子で壇の浦の戦いで入水。

72 ★ 1180年 源頼朝が侍所を設置

オーエス オーエス

侍の 人引っぱれと 頼りにし
1 1 8 0 　頼朝

関連年代　1177年…鹿ヶ谷の陰謀（後白河法皇のクーデタ未遂事件）。

内容 鳥羽法皇の死後、皇位継承に関する兄崇徳上皇と弟後白河天皇の対立に、摂関家の兄弟（藤原忠通と藤原頼長）の家督争いなどが絡んでおこり、天皇方が勝利した。

結果 崇徳上皇は讃岐に流され、このあと後白河院政が誕生した。

! **関連事項**

慈円は著書『愚管抄』で、保元の乱以降の世相を「ムサ（武者）ノ世」と書き記した。

天皇方		上皇方	
天皇家			
弟	後白河	崇徳	兄
摂関家			
兄	忠通	頼長	弟
源氏			
子	義朝	為義	父
兄		為朝	子弟
平氏			
甥	清盛	忠正	叔父

▲保元の乱対立関係図

内容 後白河院近臣（藤原通憲〔信西〕と藤原信頼）の対立に、源義朝と平清盛の対立が絡んでおこり、平清盛が信頼や義朝を滅ぼした。

結果 保元・平治の乱を通じて朝廷内部の政争も武士の実力で解決されることが示され、棟梁としての平清盛の地位と権力は飛躍的に高まった。

! **関連事項**

白河上皇は北面の武士を置き、院の警護にあたらせた。

内容 武士として初めて太政大臣になった。

背景 娘徳子の子の安徳天皇を即位させて外戚となり、一族で多くの荘園・知行国を領有。西国武士と主従関係を結び、彼らの一部を地頭とした。大輪田泊を修築し、日宋貿易では金・刀剣などを輸出し、宋銭・陶磁器などを輸入した。

▲平清盛像

経過 後白河法皇の皇子以仁王が平氏打倒の令旨を発すると、頼朝は富士川の戦いで平氏を破ったが、鎌倉に戻り東国武士の組織化を進めるために侍所を設置した。

内容 侍所は御家人の統制と軍事面の統轄が任務。初代長官（別当）には和田義盛が就任。

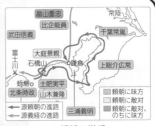

▲頼朝の挙兵

73 ★ 1183年
源 頼朝が東国支配権を確立

頼朝の 東国支配は いい闇夜
　　　　　　　　　　　　　1 　1 83

関連年代　1181年…平清盛の死、養和の飢饉。

---

74 1184年
源頼朝が公文所・問注所を設置

公文所へ いちいち走る 広元さん
　　　　　1 　1 84

関連人物　大江広元…守護・地頭の設置を献策。

---

75 ★ 1185年
源頼朝が守護・地頭を設置

頼朝に いい箱渡す 守護・地頭
　　　　1 1 85

関連年代　1185年…屋島の戦い、壇の浦の戦い。

---

76 ★ 1189年
源頼朝が奥州藤原氏を滅ぼす

藤原氏 日々は苦労で 滅亡し
奥州藤原氏　1 1 8 9

関連人物　源義経…藤原泰衡に攻められ自害した。

背景 平氏が都落ちし、源義仲が入京したものの、義仲軍の乱暴に都の人々は反発し、東国に頼朝、京に義仲、西国に平氏という三つ巴になった。

結果 そこで後白河法皇は頼朝と交渉し、義仲を都から追い出す見返りとして、頼朝に**東国支配権**を認めた。

🔍 **もっとくわしく**

頼朝は東海道・東山道の諸国の支配権を与えられた（寿永二年十月宣旨）。

内容 **公文所**は一般政務を扱う機関で、初代の長官（別当）には京都から招いた公家の**大江広元**が就任した。のち**政所**と改称した。

内容 **問注所**は訴訟・裁判を扱う機関で、初代長官（執事）には公家の**三善康信**が就任した。のち、引付が設置されると権限は縮小された。

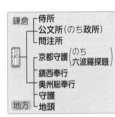

▲鎌倉幕府初期の機構

鎌倉 — 侍所
　　　├ 公文所（のち政所）
　　　└ 問注所
将軍 — 京都守護（のち六波羅探題）
　　　├ 鎮西奉行
　　　└ 奥州総奉行
地方 — 守護
　　　└ 地頭

経過 壇の浦で平氏が滅亡した後、頼朝が弟の源義経や平氏の残党を捕らえる名目で設置した。

内容 頼朝は、諸国に**守護**を任命する権利、荘園や公領には**地頭**を任命する権利、1段あたり5升の兵粮米を徴収する権利、在庁官人を支配する権利を後白河法皇に申し入れ、認められた。

🔍 **もっとくわしく**

守護は国内御家人の統率し、**大犯三カ条**（京都大番役の催促、謀反人・殺害人の逮捕）など治安維持にあたった。**地頭**は土地管理や年貢の徴収や納入などを職務とし、女性も任命された。

内容 藤原秀衡の死後、不仲になった弟の源義経をかくまったという名目で、藤原泰衡ら奥州藤原氏を滅ぼし、奥州総奉行を設置した。

結果 この結果、陸奥・出羽も頼朝の支配下に入り、関東の御家人たちが**新恩給与**としてこの地方の地頭に任命された。

▲源頼朝像

77 **1191**年 栄西が帰国し、臨済宗を広める

臨済で 日々悔いなくせと 栄西さん
1　1　9　1

関連年代 1227年…道元が帰国し、曹洞宗を伝える。

---

78 ★★**1192**年 源 頼朝が征夷大将軍となる

鎌倉に いい国つくると 大将軍
1　1　92

関連人物 後白河法皇…今様を好み、『梁塵秘抄』を撰した。

---

79 **1195**年 東大寺再建供養

重源が 日々救護して 東大寺
1　1　9　5

関連年代 1180年…平氏の南都焼き打ち。

---

80 **1205**年 『新古今和歌集』ができる

定家が 人に驕るや 新古今
1　2　05

関連年代 905年…『古今和歌集』の完成。『新古今和歌集』の300年前。

内容 宋で流行していた臨済禅を日本に伝えた。幕府の保護を受け、京都に建仁寺を建立し、『興禅護国論』や『喫茶養生記』を著した。

参考 栄西の教えは、坐禅中に師から与えられた問題を解決して（公案問答）、自力で悟りに至るというものであった。

! 関連事項

曹洞宗を伝えた道元は越前国（福井県）に永平寺を開き、『正法眼蔵』を著し、只管打坐（ひたすら坐禅すること）を主唱した。

背景 1190年に源頼朝は、挙兵後初めて京都に入り、後白河法皇から右近衛大将に任命されたが、すぐに辞官して鎌倉に帰った。

結果 後白河法皇の死後、親頼朝派の関白九条兼実の尽力で武士の統率者の地位を示す征夷大将軍に任じられ、名実ともに鎌倉幕府が確立した。

! 関連事項

将軍が御家人に与える本領安堵や新恩給与などの御恩に対し、御家人は軍役や京都大番役・鎌倉番役などの奉公を行った。こうして将軍と御家人の主従関係からなる封建制度が成立した。

背景 源平の争乱（治承・寿永の乱）では、平氏は僧兵からも攻撃を受けたので、平重衡は東大寺や興福寺など南都の寺院を焼き打ちした。

結果 乱後、重源が勧進上人（寄付を募る人）に任じられて、宋の技術者である陳和卿を招いて東大寺を再建し、頼朝もこれに協力した。

▲東大寺南大門

背景 後鳥羽上皇は多芸多才で特に和歌にすぐれ、『新古今和歌集』の編纂を命じた。

内容 当代一の歌人とされた藤原定家のほか藤原家隆らが編集にあたった。体言止めなどの手法を用いた優雅で技巧的な歌風は、後世にも重んじられた。

! 関連事項

1212年には鴨長明が随筆『方丈記』を著し、「隠者の文学」と評されている。冒頭は「ゆく河の流れは絶えずして、しかも、もとの水にあらず。…」

81 ★ 1213年 　和田合戦（わだ）

義盛は 一時勇むも 敗死だわ
和田義盛（わだよしもり）　1　2　13

> 関連年代　1203年…比企能員謀殺（ひきよしかず）。1205年…畠山重忠追討（はたけやましげただ）。

82 1219年 　源実朝が公暁に暗殺される（源氏将軍断絶）（さねとも・くぎょう・げんじ）

実朝は 人にひどくて 源氏絶ゆ（さねとも・ひと・げんじた）
1　2　1　9

> 関連人物　源実朝…『金槐和歌集』を編み、右大臣に就いた。（きんかい・うだいじん）

83 1220年 　慈円が『愚管抄』を著す（じえん・ぐかんしょう）

慈円説く 人に不和とは いかんでしょう（じえんと・ひと・ふわ）
1　2　2　0　　　　　　　　　　『愚管抄』

> 関連人物　九条兼実…慈円の兄で日記『玉葉』を記した関白。（くじょうかねざね・ぎょくよう・かんぱく）

84 ★★ 1221年 　承久の乱（じょうきゅう）

承久の ある日に不意に 乱おこる（じょうきゅう・ひ・ふい・らん）
1　2　2　1

> 関連人物　北条政子…義時の姉で御家人を鼓舞する演説をした。（まさこ）

背景 源頼朝の死後、**北条氏**を中心とする有力御家人による13名の合議制で政治が行われた。2代源頼家が伊豆の修禅寺に幽閉され殺害され、前後して比企・畠山氏などが次々と滅ぼされた。

結果 北条義時は**和田義盛**を滅ぼして、政所と侍所の別当を兼ね、**執権**の権力を強めた。

🔍 **もっとくわしく**

執権とは幼少の将軍を補佐するのが当初の目的で、**北条時政**を初代とする。のちに執権の権限は分割され、得宗専制政治へと移行していった。

内容 源頼家の遺児**公暁**によって鶴岡八幡宮の社頭で殺され、源氏の将軍は3代で断絶した。

結果 幕府は後鳥羽上皇の皇子を将軍に望んだが拒否された。そこで、頼朝の遠縁にあたる**藤原頼経**を将軍に迎え（藤原将軍、摂家将軍）、子の頼嗣も将軍となったが、実権はなかった。

▲鶴岡八幡宮

内容 天台座主**慈円**が書いた最初の歴史哲学書。歴史を動かす法則を「道理」と呼び、末法思想の影響を受けて武家社会の到来を肯定的にとらえ、公家の没落・武家の発展を描いた。

背景 後鳥羽上皇の討幕計画をいさめようとして書いたともいわれる。

🔍 **もっとくわしく**

慈円は、歴史を7段階に区切り道理の盛衰を述べ、道理を悟り道理に従うことが大切であると説いた。

内容 **後鳥羽上皇**は西面の武士を設置し**義時**追討の兵をあげたが敗れ、**隠岐**へ流された。土御門上皇は土佐へ、順徳上皇は佐渡へ流された。

結果 幕府は上方方の所領に地頭（**新補地頭**）を設置して、西国にも支配力をのばした。また、朝廷の監視などを目的に**六波羅探題**を設置した。

隠岐諸島

後鳥羽上皇配流地

鳥取県

島根県

岡山県

広島県

▲後鳥羽上皇配流地

85 **1224**年　親鸞が『教行信証』を著す

親鸞が　人に賦与する　信証を
　　　　1　2　2　4
　　　　　　　　　　　『教行信証』

*賦与＝分け与えること。

関連人物　明恵(高弁)…『摧邪輪』で法然(親鸞の師)の教義を批判。

---

86 **1225**年　連署・評定衆の設置

評定衆　一つに合議を　決定し
　　　　1　2　2　5

関連年代　1224年…北条泰時が3代執権となる。

---

87 ★ **1232**年　御成敗式目(貞永式目)の制定

式目は　人に賛辞を　受けるなり
　　　　1　2　3　2

関連年代　1223年…新補率法の制定。

---

88 ★ **1247**年　宝治合戦

三浦氏が　一時死なんと　宝治戦
　　　　　1　2　4　7

関連人物　藤原頼経…関白九条道家の子で4代将軍(摂家将軍)。

背景 親鸞は**法然**の専修念仏の教えをさらに徹底し、絶対他力の考えをうち出した。農民や地方武士の間で広まり、**浄土真宗**の開祖となった。

参考 煩悩の深さを自覚している人間（悪人）こそが阿弥陀仏の救済対象であるという**悪人正機説**は、弟子唯円の『**歎異抄**』に記されている。

！ 関連事項

一遍は諸国を遊行し、信心の有無にかかわらず、すべての人は救われると説き、**踊念仏**によって教えを広めた。その教えは**時宗**と呼ばれた。

内容 執権となった**北条泰時**は、執権の補佐役として北条時房を**連署**とし、重要政務合議のため有力御家人を**評定衆**に任命した。

結果 承久の乱後は幕府優位の一元体制となり、**御成敗式目**にもとづく法治主義と、有力御家人による合議政治により、幕府政治は安定した。

🔍 もっとくわしく

元来、文書に連名で署判したことから、連署と呼ばれ、時房以降も北条氏が世襲した。

経過 承久の乱後に**新補率法**が定められると、**新補地頭**と荘園領主の紛争が増えたので、**北条泰時**が裁判の基準を示すために制定した。

内容 51カ条からなり、右大将（頼朝）以来の**先例**と**道理**（武家の慣習）を基準とし、平易な文章で御家人の職務や相続について規定した。

！ 関連事項

武士の所領は**分割相続**で、女性にも相続権があり地頭に任命される者もいた。なお、御成敗式目（貞永式目）制定後も、しばらくは公家法や本所法も効力をもっていた。

背景 執権**北条時頼**は前摂家将軍**藤原頼経**を謀反の罪で京都に送還し、頼経と結んだ北条氏一門の名越氏を失脚させた。

内容 時頼は有力御家人の**三浦泰村**一族を滅ぼし、幕府における北条氏の地位を不動のものにした。

！ 関連事項

幕府の要請によって、後嵯峨上皇の院政下に**院評定衆**が置かれ、朝廷に対する幕府の発言力が強まった。

89 ☐ **1249**年 引付の設置

引付は 人によく説き 裁く人
　　　　1　2　4　9

関連人物　北条時頼…泰時の孫で、時宗の父。

90 ★ **1252**年 宗尊親王が将軍となる

宗尊を 自由に公認 将軍職
　　　　1　　2　5　2

関連年代　1226年…藤原頼経が初の摂家将軍となる。

91 ★ **1274**年 文永の役

荒波で ひどい船酔い 蒙古軍
　　　　1　　27　4

関連人物　北条時宗…南宋の僧無学祖元を招き円覚寺を建立。

92 ★★ **1281**年 弘安の役

敗因を 人には言えぬ 蒙古軍
　　　　1　2　8　1

関連年代　1293年…鎮西探題を設置する。

経過 執権北条時頼は急増する御家人の所領訴訟に対し、訴訟を専門的に担当する引付を設置。
内容 引付は評定衆を補佐するもので、引付頭人や引付衆からなり、訴訟事務や裁決の迅速化を狙ったものである。問注所の管轄は一般訴訟の受理などに限定されていった。

🔍 もっとくわしく

引付は後醍醐天皇の建武の新政にも受け継がれ、雑訴決断所がそれにあたる。室町幕府にも引付は設置されたが、やがて衰退した。

内容 幕府は2代続いた摂家将軍にかえて、後嵯峨上皇の皇子宗尊親王を将軍に迎えた。皇族(親王)将軍は幕府滅亡まで4代続いたが、いずれも名目的なものであった。
参考 北条時頼のもとで執権政治が強化され、得宗(北条氏の嫡流)の政治基盤が確立された。

! 関連事項

1253年、日蓮は鎌倉で日蓮宗(法華宗)を始めた。法華経こそが唯一の正法と説いた『立正安国論』は、1260年に前執権北条時頼に提出された。

背景 都を大都(北京)に移した元のフビライ=ハンは高麗を服属させると、日本にも朝貢を求めたが、執権北条時宗は拒否した。
結果 元・高麗軍が九州北部に上陸し、日本軍は集団戦法とてつはう(火器)に苦しんだが、元軍も損害が大きく、内部対立もあって撤退した。

! 関連事項

文永の役後、幕府は異国警固番役の強化と防塁(石築地)の構築で、元の再襲来に備えた。『蒙古襲来絵詞』には、肥後の御家人竹崎季長が奮戦する様子が描かれている。

内容 1276年に南宋を滅ぼした元は、元・高麗・旧南宋軍で九州に襲来した。
結果 元軍は再び集団戦法と火器で日本軍を苦しめたが、暴風雨にあって大損害を受け、撤退した。この後幕府は、朝廷から非御家人を動員する権利を得て西国一帯の支配を強めた。

🔍 もっとくわしく

2度にわたる元の襲来をモンゴル襲来(蒙古襲来、元寇)という。弘安の役後も異国警固番役は継続され、御家人には大きな負担となった。また、鎮西奉行とは別に鎮西探題が置かれた。

93 ★**1285**年　霜月騒動（しもつきそうどう）

霜月（しもつき）の 日（ひ）に反抗（はんこう）だ 頼（より）と泰（やす）
　　1　2　8　5　　　平頼綱　安達泰盛

関連人物　平頼綱（たいらのよりつな）…執権北条貞時（しっけんほうじょうさだとき）に滅ぼされた（平禅門の乱（へいぜんもんのらん））。

94 ★★**1297**年　永仁（えいにん）の徳政令（とくせいれい）

徳政令（とくせいれい） 皮肉（ひにく）な効果（こうか）は 一時的（いちじてき）
　　1　29　7

関連人物　北条貞時…永仁の徳政令を出したが、あまり効果はなかった。

95 **1321**年　後醍醐天皇（ごだいご）が記録所（きろくしょ）を再興

後醍醐（ごだいご）に 秘密（ひみつ）いらない 親政（しんせい）だ
　　1　32　1

関連人物　後宇多上皇（ごうだ）…1321年に院政（いんせい）が停止された。

96 ★**1331**年　元弘（げんこう）の変

元弘（げんこう）に 一味最近（いちみさいきん） ゴタゴタし
　　1　3　31　　　後醍醐天皇

関連年代　1331年…持明院統（じみょういんとう）の光厳天皇（こうごん）が即位（北朝（ほくちょう））。

内容 北条貞時の内管領(御内人の代表)平頼綱は、対立していた有力御家人安達泰盛を滅ぼした。全国の守護の多くを北条氏が占めるようになり、得宗専制政治が確立した。

結果 得宗の家臣にすぎない御内人が得宗とともに政務に加わり、御家人の不満が高まった。

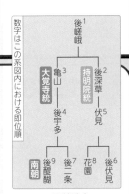

▲北条氏一門の守護職の増大

（佐藤進一「鎌倉幕府守護制度の研究」）

（検出国のみ）

	1199年 頼朝の死後	1221年 承久の乱後	宝治合戦後	1285年 霜月騒動後	1333年 幕府滅亡時
不設置	4	4	5	5	5
その他外様	31	28	26	23	22
北条氏得宗と一門	3	13	15	28	30

内容 御家人の所領質入れや売買を禁じ、高利貸(借上)に売却した所領を無償で返還させた。

背景 御家人の窮乏の理由は、元寇による出費と恩賞の少なさ、分割相続による所領の細分化、貨幣経済の進展に伴う出費の増大などである。そのため、次第に嫡子単独相続へと移行していった。

背景 後嵯峨法皇の死後、皇室で亀山天皇の系統である大覚寺統と後深草上皇の系統である持明院統が対立し、幕府は両統迭立を提案した。

内容 こうした中、大覚寺統から即位した後醍醐天皇は院政を停止して記録所を再興し、日野資朝・北畠親房らを登用して天皇親政を行った。

数字はこの系図内における即位順

```
                後嵯峨1
        ┌─────────┴─────────┐
      亀山3                後深草2
    大覚寺統              持明院統
        │              ┌──┴──┐
      後宇多4          伏見5
    ┌──┴──┐            │
  後醍醐9 後二条7    ┌──┬──┴──┐
   南朝            花園8  後伏見6
```

▲両統迭立

内容 1324年の正中の変に続いて後醍醐天皇は討幕に失敗し、1332年隠岐へ流された。

結果 しかし、天皇の皇子護良親王や楠木正成らが各地で幕府軍と戦い続けた。当時の幕府は執権北条高時のもとで内管領長崎高資が専横したため政治は乱れ、御家人の不満が高まっていた。

！ 関連事項

元寇後、特に畿内・西国では悪党と呼ばれる新興武士が活動した。楠木正成はその代表。

97 ★ **1334**年 | 建武の新政

新政へ 燃ゆる後醍醐の 瞳見よ
13　3　4

> 関連年代　1333年…鎌倉幕府の滅亡。

98 ★ **1336**年 | 建武式目の制定

尊氏の 建武式目 人さ見ろ
1　3　3　6

> 関連年代　1336年…南北朝時代が始まる。

99 ★ **1338**年 | 足利尊氏が征夷大将軍となる

尊氏が 勇み幕府を 京に立つ
13　3　8

> 関連人物　足利義詮…2代将軍。幕府の基礎を固めた。

100 **1342**年 | 足利尊氏らが天龍寺船を元に派遣

尊氏が いざ世に送る 天龍寺船
1　3　4　2

> 関連年代　1325年…鎌倉幕府が建長寺船を元に派遣。

経過 1333年、足利高氏(のち尊氏)が六波羅探題を、新田義貞が鎌倉を攻めて、鎌倉幕府は滅亡した。**後醍醐天皇**は京都で新政を始めた。
結果 記録所を最高機関、雑訴決断所を訴訟機関としたが、恩賞の少なさや天皇の**綸旨**で所領を決めることなどに武士の不満が高まった。

◇ 史 料

二条河原落書

此比都ニハヤル物。夜討、
強盗、謀綸旨。…本領ハナル > 訴訟人。…

(『建武年間記』)

(建武の新政を批判・風刺
した88句からなる長詩)

背景 1335年に**中先代の乱**を鎮圧した**足利尊氏**は、新政に不満をもつ武士と京都へ進撃した。
内容 楠木正成・新田義貞らを破り、**持明院統**の**光明天皇**を立てた尊氏は、当面の政治方針を明らかにした**建武式目**を制定。後醍醐天皇は吉野(**南朝**)へ逃れ、京都(**北朝**)の尊氏と対立した。

! 関連事項

中先代の乱は、北条高時の
子である北条時行が幕府再
興を図って関東でおこした
兵乱である。

内容 尊氏は北朝の光明天皇から征夷大将軍に任命され、**室町**幕府が成立した。
結果 幕府の運営は尊氏と弟直義の2人で行われた。尊氏が新興武士に依拠したのに対し、直義は鎌倉幕府的体制の再建をめざしたため、やがて2人は対立するようになった。

! 関連事項

室町幕府では将軍を補佐す
る**管領**に足利氏一門の細
川・斯波・畠山氏が就いた
(**三管領**)。侍所の長官(所
司)には赤松・一色・山
名・京極氏が就いた(**四職**)。

内容 天龍寺造営費用を得るために元に派遣した。国交がなかったので私貿易の形式であり、その事例に鎌倉時代末期の**建長寺船**がある。
結果 臨済宗の僧夢窓疎石の勧めで、足利尊氏・直義兄弟は後醍醐天皇の冥福を祈るために天龍寺を創建した。

! 関連事項

臨済寺院に**五山・十刹**の制
がとられ、天龍寺は京都五
山の第1位に列せられた。
足利義満の時代に確立した。

101 ★ **1350**年　観応の擾乱（〜52）
かんのう　じょうらん

観応に　いざこれ始まる　擾乱が
かんのう　　　　はじ　　　　じょうらん
　　　　1　3　5　0

関連人物　足利尊氏…弟の直義を毒殺し観応の擾乱を終わらせた。
あしかがたかうじ　　　　ただよし

---

102 ★ **1352**年　半済令の発布
はんぜいれい

半済令　いざ五分五分に　年貢分け
はんぜいれい　　ご　ぶ　ご　ぶ　　　　ねんぐ　わ
　　　　1　3　5　2

関連年代　1352年…観応の擾乱が終わる。

---

103 **1356**年　『菟玖波集』ができる
つく　ば　しゅう

良基が　意味小難しい　菟玖波編む
よしもと　　い　み　こむずか　　　　つ　く　ば　あ
　　　　1　3　5　6

関連人物　宗鑑…16世紀前半に俳諧連歌の『犬筑波集』を編集。
そうかん　　　　　　　はいかいれんが　　　　いぬつく　ば　しゅう

---

104 **1378**年　足利義満が花の御所（室町殿）を造営
よしみつ　　　　　　ごしょ　むろまちどの

義満に　人皆はやす　花の御所
よしみつ　　ひとみな　　　　はな　ごしょ
　　　　1　37　8

関連人物　足利義持…4代将軍。明との貿易を中止した。
よしもち　　　　　　　　　みん

内容 足利尊氏の執事高師直と**足利直義**が政権
の方針を巡って対立し、武力衝突となった。直
義の敗死で擾乱は収束した。
結果 南北朝の動乱期に幕府の内紛が加わった
ため、守護・地方武士の動きは複雑となり、南
北朝の動乱が長期化する一つの原因となった。

▲足利尊氏像

内容 尊氏は南朝に対抗するための軍費調達手段
として**半済令**を発布し、守護の権力は拡大した。
結果 **近江・美濃・尾張国**の荘園・公領の年貢
の半分を**守護**に与えることにした。守護はこの
権限を利用して荘園や公領を侵略し、**国人**を
家臣化して**守護大名**に成長した。

🔍 **もっとくわしく**

半済は初め３カ国・１年限
定だったが、やがて全国
化・永続化していった。ま
た、年貢だけでなく、土地
の分割にまで拡大した。

内容 北朝の摂政**二条良基**が編集した連歌集で、
勅撰集と同格とみなされた。これにより、**連歌**
は和歌と対等の地位を確立した。
参考 鎌倉時代あらゆる身分で連歌が行われて
いたが、二条良基は**『応安新式』**を定め、連歌
の規則を統一した。

⚠ **関連事項**

南北朝期には連歌のほかに
能、茶寄合、闘茶など多様
な文化が流行した。北畠親
房は**『神皇正統記』**で南朝の
正統性を説き、軍記物語
『太平記』は後世まで語り継
がれた。

内容 義満は京都室町に邸宅(**花の御所**)をつく
ったので、室町幕府と呼ばれるようになった。
参考 義満は朝廷の支配権を吸収し、**土倉**や**酒屋**
への商業課税権、全国の**段銭**徴収権などを得た。
幕府は**奉公衆**と呼ばれる直轄軍を編成し、将軍
の直轄領の**御料所**を管理させ、守護を牽制した。

▲足利義満

| 105 | ★ **1391** 年 | 明徳の乱 |

山名氏の **人皆悔いた** 明徳の乱
　　　　　 1　3　9　1

関連年代　1390年…土岐康行の乱。

| 106 | ★★ **1392** 年 | 南北朝の合体 |

合体で **一つさ国は** 南北朝
　　　　 1　3　92

関連年代　1336年…後醍醐天皇が吉野に移り、南北朝に分立。

| 107 | **1397** 年 | 足利義満が金閣を造営 |

義満が **富の苦なくて** 金閣を
　　　　 13　9　7

関連人物　春屋妙葩…義満の帰依を受け、僧録として五山を管理。

| 108 | **1399** 年 | 応永の乱 |

応永に **一味くくらる** 大内氏
　　　　 1　3　99

関連人物　大内義弘…九州探題今川了俊（貞世）に従って勢力を拡大。

内容 足利義満が、西国に一族合わせて11カ国を領し「六分一殿」と称された山名氏清を、一族の内紛に乗じて倒した。

背景 この前年に美濃で土岐氏を討つなど、義満は強大化した守護を挑発したうえで討伐し、将軍権力の強化に努めた。

! 関連事項
守護は大犯三カ条に加え半済や守護請を用いて任国を支配し、将軍をしのぐ勢力をもつ者もいた。

内容 義満の斡旋で南朝の後亀山天皇が京都に戻り、北朝の後小松天皇に譲位して南北朝が合体し、半世紀以上に及んだ動乱がおさまった。

結果 この2年後義満は太政大臣となり、すでに准三后(太皇太后・皇太后・皇后に準ずる地位)であったため、日本国王への道を歩んでいった。

! 関連事項
この年、李成桂(イソンゲ)が高麗を滅ぼし、朝鮮を建国した。日本は朝鮮と国交を樹立し、日朝貿易では木綿が大量に輸入された。

内容 義満が京都北山の別荘・北山殿(のち鹿苑寺)に金閣(舎利殿)を造営した。金閣は、一層が寝殿造、二層が和様の造り、三層が禅宗様となっている。

参考 公家文化と武家文化の融合が進み、禅宗の影響も受けた当時の文化を北山文化という。

! 関連事項
義満の保護を受けた観阿弥・世阿弥父子は猿楽能を完成し、世阿弥は能の理論書『風姿花伝(花伝書)』を著した。

内容 周防・長門国など6カ国の守護であった大内義弘を、義満が討伐した。

結果 大内義弘は当時最大の守護大名であったため、義満に狙われていた。そこで鎌倉公方足利満兼らと結んで反乱をおこしたが敗北。約150年後、大内氏は義隆の自害で事実上断絶した。

▲鎌倉府の支配圏

鎌倉公方の管轄領域
(のち陸奥・出羽も管轄)

109 ★**1401**年　足利義満が第1回遣明船を派遣

義満は　意志を抱いて　明に派遣
　　　　1　4　0　1

関連人物　祖阿…僧（義満の側近）。肥富…博多商人。

---

110 ★**1404**年　勘合貿易の開始

勘合で　貿易始めた　人寄れよ
　　　　　　　　　1　4　0　4

関連人物　永楽帝…勘合貿易開始時の明の3代皇帝。

---

111 ★**1419**年　応永の外寇

応援は　いいよ行くとき　挑戦状
応永の外寇　1　4　1　9　　　朝鮮

関連年代　1019年…刀伊の入寇。応永の外寇の400年前。

---

112 ★★**1428**年　正長の徳政一揆（土一揆）

承知して　一緒にやろう　土一揆
正長の徳政一揆　1　4　2　8

関連年代　1429年…播磨の土一揆。

内容 義満は、明からの**倭寇**禁圧と朝貢の要求を受け入れて、正使祖阿・副使肥富を派遣した。

結果 翌年明の使節が来日し、義満を「日本国王」と認め、次いで義満は「日本国王臣源」と名のって、明に臣従する外交関係を結んだ。日本は中国を中心とする冊封体制に組み込まれた。

📖 **史 料**

義満の国書(1401年)
日本准三后某、書を大明皇帝陛下に上る。…
（瑞溪周鳳『善隣国宝記』）

内容 日明貿易は**朝貢形式**で行われ、倭寇と区別するため勘合が用いられた。また、貿易港は寧波のみで、滞在費や運搬費は明側が負担した。

結果 輸入された**銅銭**は日本の貨幣経済を進展させ、生糸は**西陣織**の誕生に影響を与えた。日本からは銅・硫黄・刀剣などが輸出された。

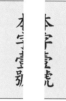

▲勘 合

内容 倭寇の活動が活発になったため、朝鮮軍が倭寇の根拠地とみなした**対馬**を襲った。

結果 事件後、日朝貿易は一時中断。のち再開され、対馬の**宗氏**を仲介に行われた。貿易港は**三浦**に限定され、大量の木綿を輸入した。銅・硫黄のほか、琉球貿易で入手した蘇木などを輸出した。

▲対馬の位置

内容 近江坂本の**馬借**が徳政を要求して蜂起したことをきっかけに、周辺の国々の農民が京都に乱入し、**土倉**・酒屋などを襲った。

結果 幕府は徳政令を発布しなかったが、土一揆は借用証文を破るなど**私徳政**を強行した。柳生の徳政碑文が奈良市に現存している。

▲柳生の徳政碑文

室町時代

113 ★★ **1429**年　琉球王国の建国

琉球の 意志つくりましょうと 建国し
　　　 1　4　2　9
　　　　　　　　　　　　尚巴志

関連年代　1609年…琉球王国が島津氏に服属。1879年…沖縄県設置。

---

114 **1432**年　足利義教が勘合貿易を再開

義教が 日読みに記した 勘合船
　　　 1　4　3　2

＊日読み＝暦のこと。

関連年代　1411年…足利義持が勘合貿易を一時中止。

---

115 ★ **1438**年　永享の乱

持氏は 意志見破られ 英気なし
　　　 1　4　3　8
　　　　　　　　　　　永享の乱

関連人物　上杉憲忠…憲実の子で、足利成氏に滅ぼされた。

---

116 **1439**年　上杉憲実が足利学校を再興

足利の 人よサンキュー よい学校
　　　 1　4　3　9

関連人物　上杉憲実…1441年に結城氏朝を滅ぼした（結城合戦）。

内容 中山王国の尚巴志が山北（北山）を滅ぼし、さらに山南（南山）を征服して建国した。首里を首都とし、外港の那覇は国際港として栄えた。

結果 明との朝貢貿易や、東南アジア・日本・朝鮮を結ぶ**中継貿易**で栄えたが、16世紀ポルトガルのアジア進出により衰退した。

▲琉球の三山分立

経過 4代**足利義持**は朝貢形式を嫌い貿易を中止したが、6代足利義教は利益を重視し再開した。

結果 再開後は守護大名や寺社が貿易に加わり、やがて**博多商人**と結んだ**大内氏**と、**堺商人**と結んだ**細川氏**が貿易を独占した。商人は利益の10分の1を抽分銭として幕府に納めた。

▲日明交通路

内容 幕府に反抗的な**鎌倉公方**足利持氏と関東管領上杉憲実が対立すると、将軍足利義教は上杉氏を支援して、翌年持氏を自害に追い込んだ。

結果 この後、鎌倉公方となった足利成氏も上杉氏と対立し、**享徳の乱**を機に鎌倉公方は成氏の古河公方と、足利政知の堀越公方に分裂した。

🔍 **もっとくわしく**

1440年には持氏の遺子を奉じて結城氏朝が反乱をおこしたが、翌年鎮圧された（結城合戦）。その後、1454年に鎌倉公方の成氏が関東管領上杉憲忠を謀殺したことで享徳の乱がおこった。

内容 関東管領上杉憲実が**足利学校**（創立時期は不明）を再興した。

結果 多くの書物を集め、戦国時代には西の山口とともに東国の学問の中心となり、全国から集まった僧侶や武士が学んだ。のち、宣教師フランシスコ=ザビエルが「坂東の大学」と称賛した。

▲足利学校

117 ★ **1441**年　嘉吉の変、嘉吉の徳政一揆

義教は 一夜酔いすぎ 嘉吉の変
　　　　1　4　4　1

関連人物　赤松満祐…播磨の土一揆を鎮圧した。

118 ★ **1457**年　コシャマインの戦い

アイヌの地 人よ御難の コシャマイン
　　　　　　1　4　5　7

＊御難＝災難・難儀。

関連年代　1669年…シャクシャインの戦い。

119 ★★ **1467**年　応仁の乱（〜77）

戦国の 人よむなしい 応仁の乱
　　　　1　4　6　7

関連人物　日野富子…9代将軍足利義尚の実母。

120 ★ **1485**年　山城の国一揆（〜93）

山城の 意志は強引 国一揆
　　　　1　4　8　5

関連人物　畠山政長…従兄の畠山義就と争った。
（よしなり）

内容 播磨国守護赤松満祐が将軍足利義教を殺害したが、幕府軍によって滅ぼされた（**嘉吉の変**）。これ以降、将軍の権威は大きく失墜した。

結果 新将軍による「代始めの徳政」を求めて民衆が京都で蜂起した（**嘉吉の徳政一揆**）。この結果、幕府は初めて徳政令を発布した。

!　**関連事項**

15世紀後半以後、幕府は分一銭（債務の10分の1または5分の1）と呼ぶ手数料をとって徳政令を発布した（分一徳政令）。

内容 **道南十二館**に住む和人たちが不当な交易を行ったので、アイヌが**コシャマイン**を中心に蜂起したが、蠣崎（武田）氏によって鎮圧された。

背景 東北の津軽地方から蝦夷地に進出した和人は12の居住地に住み、アイヌとの交易を行っていた。津軽の十三湊は非常に栄えた。

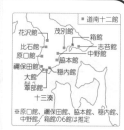

■ 道南十二館

花沢館　茂別館
比石館　　　箱館
原口館　　　志苔館
礼保田館　脇本館　中野館
　大館　穏内館
　　　蛭部館
　　十三湊

※原口館、礼保田館、脇本館、穏内館、中野館、箱館の6館は推定

▲道南十二館

背景 原因は**足利義政**の弟義視と実子義尚による将軍後継問題、斯波・畠山氏の家督相続争い、**細川勝元**と**山名持豊**（宗全）の権力争い、など。

結果 主戦場となった京都は足軽の乱暴もあって荒廃し、荘園制の解体が進んだ。下剋上の風潮が高まり、戦国の世になった。

	西軍	東軍
将軍家	義視	義政 義尚
畠山家	持国 義就	持富 政長
斯波家	義廉	義敏
幕府実力者	山名持豊（宗全）	細川勝元
有力大名	大内・一色 土岐・六角	赤松・京極 武田

▲応仁の乱の対立関係（1468年ごろ）

内容 応仁の乱後も**畠山氏**は二派に分かれて山城国で争っていた。国人らは両**畠山氏**を国外に退去させ、約8年間の自治を行った。応仁の乱で疲弊した守護大名の弱体化は顕著であった。

参考 宇治の平等院で集会をもった国人らは、国の掟を決め、有力国人36人で自治を進めた。

📖　**史料**

山城の国一揆

今日山城国人集会す。…今度両陣の時宜を申し定めんがため…下極上のいたりなり。…

（『大乗院寺社雑事記』）

121 ★1488年　加賀の一向一揆（〜1580）

加賀国 年の母まで 一向宗
　　　　14　88

関連年代　1580年…加賀の一向一揆の終結。

122 1489年　足利義政が銀閣を造営

義政は 意志薄弱で 銀貼れず
　　　1　4　89

関連人物　善阿弥…足利義政に仕え、作庭に従事した同朋衆。

123 1493年　北条早雲が伊豆の堀越公方を滅ぼす

早雲は 人よく見ろと 堀壊す
　　　1　4 9 3
　　　　　　　　堀越公方

関連年代　1590年…豊臣秀吉の小田原攻め。

124 1495年　『新撰菟玖波集』ができる

新菟玖波 人よくごらんと 宗祇言い
『新撰菟玖波集』　1 4 9 5

関連人物　東常縁…宗祇へ古今伝授を行った。

背景 応仁の乱のころ、浄土真宗(一向宗)の僧蓮如(兼寿)は越前国吉崎を拠点に、北陸・東海・近畿に勢力を広げていった。

結果 加賀の一向宗門徒は、国人と結んで守護の富樫政親を倒し、以降約100年間自治を行った。加賀国は「百姓ノ持タル国ノヤウ」と称された。

▲一向一揆の旗

内容 義政が京都東山に造営した銀閣は、下層が住宅風の様式で、上層が禅宗様であった。

参考 東山文化は簡素、わびなど禅の精神を基調とする文化で、村田珠光の侘茶や枯山水の庭園などによく表れている。雪舟は水墨画を大成し、池坊専慶は立花の名手として知られる。

! **関連事項**

銀閣と同じ敷地にある東求堂同仁斎には書院造がみられる。書院造は、床の間・違い棚・付書院・明障子を設け、畳を敷き詰めるなど、近代の和風住宅のもととなった。

内容 鎌倉公方・関東管領の分裂に乗じて北条早雲(伊勢宗瑞)は、堀越公方を滅ぼして伊豆を奪い、次いで相模に進出し、小田原を本拠地とした。家訓「早雲寺殿廿一箇条」を制定した。

結果 子の氏綱、孫の氏康のときには関東の大半を支配する戦国大名に成長した。

! **関連事項**

中部地方では、越後の守護代から上杉謙信が頭角を現し、甲斐の武田信玄(晴信)と戦った。中国地方では、大内氏が重臣の陶晴賢に倒され、さらに陶氏も安芸の国人毛利元就に倒された。

内容 宗祇が正風連歌を確立し、『新撰菟玖波集』を編集した。また、応仁の乱で荒廃した京都を離れ、連歌師として地方を歴訪した。弟子と詠んだ連歌が『水無瀬三吟百韻』に収められた。

参考 宗祇の後、宗鑑は滑稽を主とする俳諧連歌を創始し、『犬筑波集』を編集した。

🔍 **もっとくわしく**

連歌から俳諧(俳句)が独立し、江戸初期に松永貞徳の貞門派につながっていく。

125 **1510**年 三浦の乱
さんぽ

日朝間 以後通せんぼ 散歩せず
にっちょうかん い ご とお さんぽ
1 5 10 三浦

関連年代 1392年…朝鮮の建国。1419年…応永の外寇。1443年…嘉吉条約。

126 **1518**年 『閑吟集』ができる
かんぎんしゅう

閑吟集 小歌を歌う 人来いや
かんぎんしゅう こうた うた ひと こ
1 5 1 8

関連人物 織田信長…幸若舞を愛好した。
お だ のぶなが こうわかまい

127 **1523**年 寧波の乱
ニンポー

寧波で 以後罪深い 利争い
ニンポー い ご つみぶか り あらそ
1 5 23

関連年代 1588年…豊臣秀吉が海賊取締令を発令した。
とよとみひでよし かいぞくとりしまりれい

128 **1536**年 天文法華の乱
てんぶんほっけ

法華の乱 人混み群がる 京都中
ほっけ らん ひと ご む きょう と じゅう
1 5 3 6

関連年代 1532年…法華一揆。
いっき

内容 応永の**外寇**ののち、朝鮮は日本との貿易統制を強め、日本人の特権も縮小したため、**三浦**（乃而浦・**富山浦・塩浦**）の倭館に居住していた日本人が暴動をおこした。

結果 三浦の乱の結果、朝鮮との交易は次第に衰退することになった。

▲三浦の位置

内容 室町時代に流行した**小歌**を集めたもの。

参考 室町時代の庶民の文芸としては連歌・小歌のほかに、日常語で喜劇を演じる**狂言**、祭礼時に華やかな姿で踊る**風流**、風流と念仏踊りが融合した**盆踊り**、物語の**御伽草子**などがあった。上流階級には**幸若舞**が受け入れられた。

▲風流

内容 **博多商人**と結んだ**大内氏**と、**堺商人**と結んだ**細川氏**が**寧波**で衝突し、大内氏が勝利して勘合貿易を独占した。

結果 1551年に大内義隆が滅亡すると貿易は断絶した。この後、**後期倭寇**の活動が活発になったが、豊臣秀吉によって厳しく取り締まられた。

🔍 **もっとくわしく**

南北朝時代の前期倭寇は日本人が主体だが、16世紀の後期倭寇は中国人主体の海賊だった。

背景 **日親**の布教により京都で法華宗信者が急増した。1532年、**法華一揆**が山科本願寺の一向一揆を追放して京都の自治を行った。

結果 これに対し、**延暦寺**が近江の六角氏らと結んで法華一揆を破った（**天文法華の乱**）。法華宗の勢力は数年間京都を追われることになった。

⚠ **関連事項**

京都の**町衆**は応仁の乱で荒廃した町を再建し、自治を行った。町衆によって祇園祭も再興された。

☑① 1069年に延久の荘園整理令を出したのはだれか？	① 後三条天皇
☑② 平清盛が日宋貿易推進のため修築した港はどこか？	② 大輪田泊
☑③ 1180年に設置された侍所の初代別当となった東国御家人はだれか？	③ 和田義盛
☑④ 1184年に設置された問注所の初代執事となった公家はだれか？	④ 三善康信
☑⑤ 『新古今和歌集』の編纂を命じたのはだれか？	⑤ 後鳥羽上皇
☑⑥ 1219年に3代将軍源実朝を暗殺したのはだれか？	⑥ 公暁
☑⑦ 1220年に『愚管抄』を著した天台座主はだれか？	⑦ 慈円
☑⑧ 1221年に設置された朝廷を監視する機関は何か？	⑧ 六波羅探題
☑⑨ 1247年に三浦泰村を滅ぼした執権はだれか？	⑨ 北条時頼
☑⑩ 1252年に皇族将軍に迎えられたのはだれか？	⑩ 宗尊親王
☑⑪ 1285年の霜月騒動で滅ぼされたのはだれか？	⑪ 安達泰盛
☑⑫ 建武の新政における最高機関は何か？	⑫ 記録所
☑⑬ 1342年の天龍寺船の派遣先はどこか？	⑬ 元
☑⑭ 1356年に『菟玖波集』を編集したのはだれか？	⑭ 二条良基
☑⑮ 1391年の明徳の乱で滅ぼされたのはだれか？	⑮ 山名氏清
☑⑯ 1399年の応永の乱で滅ぼされたのはだれか？	⑯ 大内義弘
☑⑰ 日朝貿易で大量に輸入されたのは何か？	⑰ 木綿
☑⑱ 1429年に琉球王国を建国したのはだれか？	⑱ 尚巴志
☑⑲ 1438年に勃発した永享の乱で滅ぼされた鎌倉公方はだれか？	⑲ 足利持氏
☑⑳ 1439年に足利学校を再興した関東管領はだれか？	⑳ 上杉憲実
☑㉑ 1441年に足利義教を滅ぼしたのはだれか？	㉑ 赤松満祐
☑㉒ 1457年に蜂起したアイヌの大首長はだれか？	㉒ コシャマイン
☑㉓ 1467年に始まった応仁の乱で、西軍を率いた山名持豊(宗全)に対して東軍を率いたのはだれか？	㉓ 細川勝元
☑㉔ 1495年に『新撰菟玖波集』を編集したのはだれか？	㉔ 宗祇
☑㉕ 1518年に完成した小歌の作品集を何というか？	㉕ 閑吟集

Chapter

03

近世

Introduction	078〜079
室町〜安土桃山時代	080〜083
安土桃山時代	084〜085
安土桃山〜江戸時代	086〜087
江戸時代	088〜115

・章末チェック　116

室町幕府の滅亡
1573年 ▶p.082

慶安の変
1651年 ▶p.094

織田信長の力を借りて京に入り、室町幕府の15代将軍となった足利義昭だったが…

江戸幕府3代将軍の徳川家光が亡くなった

二人の関係は悪化し、信長によって義昭は京から追放される

私、以後涙（いご・なみだ）（1573）

由井先生、この機に乗じて倒幕計画を実行しましょう!!

そうだそうだ！

涙が止まらない義昭公。家臣の私からお伝えしたいことがあります

先生、疲労濃い（ひろうこ）（1651）顔色ですが、どうされましたか？

実は…

涙の味は、悲しいときは薄く水っぽい味、悔しいときは塩味になるそうです。それから涙の量は、昼よりも夜の方が…

そんな豆知識いらん！

いつでも蜂起できるよう、毎日フルマラソンを3本走って体力づくりをしていたのだが、もう限界だ…

先生、タイミング悪すぎ！

評定所に目安箱を設置
1721年　▶p.100

享保の改革を進めている今、幕府に対する民衆の不満や非難に一一(**1721**)応、目配りしておかねば…

今日から評定所に目安箱を設置する

意見がある者は遠慮なく投書せよ

10日後…

おー、箱いっぱいに投書が入っておるぞ。どれどれ…

暴れん坊な将軍へ。金ピカの派手な衣装で控えた方がよいかと…サンバを踊るのは、もう

ワシはマッケンではないっ!

異国船打払令
1825年　▶p.112

フェートン号事件以降、イギリス船が日本各地で問題をおこしています

厳しく対処すれば反発は必至。やはり交渉が必要では?

いや都合(**1825**)など聞かずに異国船を打ち払うのだ!

1カ月後…

日本の皆さん。今日は紅茶とお菓子を用意しました。一緒に素敵なティータイムを過ごしませんか?

スイーツ男子の僕たちとしては、その命令には従えません

そんな甘い誘惑には乗らん。大砲を打てー!

129

★ **1543**年　鉄砲伝来

種子島に　鉄砲伝来　銃暦
　　　　　　　　　　1 5 4 3

関連年代　1584年…スペイン人が肥前の平戸に来航。

130

★ **1549**年　キリスト教伝来

ザビエルが　以後よく広める　キリスト教
　　　　　　1 5 4 9

関連人物　ルイス＝フロイス…ポルトガルのイエズス会宣教師。

131

★ **1560**年　桶狭間の戦い

信長が　以後群れ抜け出た　桶狭間
　　　　1 5 6 0

関連年代　1570年…姉川の戦い、石山合戦（〜80年）。

132

★ **1568**年　織田信長が足利義昭を奉じて入京

信長が　日ごろは静かな　京に来る
　　　　1 5 6 8

入京

関連年代　1571年…比叡山延暦寺を焼討ちする。

内容 種子島に漂着した中国船に乗っていたポルトガル人が**鉄砲**を伝えた。島主の種子島時堯は家臣に使用法と製造法を学ばせた。

結果 和泉の**堺**・近江の**国友**などが鉄砲の産地となり、急速に普及。鉄砲隊の編成などの戦法や、山城から平城へといった築城法に影響を与えた。

！ 関連事項

鉄砲伝来後ほどなく**南蛮貿易**が始まった。日本は鉄砲や火薬、中国産の生糸や絹織物などを輸入し、おもに銀を輸出した。

内容 **イエズス会**の創立者の一人**フランシスコ=ザビエル**が鹿児島に上陸し、**キリスト教**が伝来。

結果 将軍には会えず、のち平戸・博多や大内氏の城下町山口、大友氏の城下町府内などで布教した。のちにコレジオ（高等教育学校）・セミナリオ（初等教育学校）などが建てられた。

▲フランシスコ=ザビエル

背景 **織田信長**は尾張守護代の重臣の家に出て、一族・家臣と戦って尾張を統一した。

内容 上洛をめざした**今川義元**の大軍を、尾張の桶狭間で信長が急襲して打ち破った。以後、駿河を中心に東海道を支配していた今川氏は没落した。

▲織田信長

内容 13代将軍足利義輝が松永久秀らに滅ぼされた後、信長は義輝の弟である**足利義昭**を奉じて京都に上り、15代将軍とした。

背景 この前年に信長は美濃国を攻略し、岐阜城を拠点とし、「**天下布武**」の印章を用いて武力による天下統一を進める意志を示した。

▲「天下布武」印

| 133 ★ **1573**年 | 室町幕府の滅亡 |

幕府消え 以後涙出る 義昭さん
1　5　73

関連年代 1338年…足利尊氏が征夷大将軍となり室町幕府が成立。

| 134 ★ **1575**年 | 長篠の戦い |

長篠の 以後名残おしい 勝頼は
1　5　7　5

関連年代 1576年…安土城築城開始。1582年…天目山の戦い。

| 135 ★ **1582**年 | 本能寺の変、山崎の戦い |

光秀ら 一行恥じる 主君討ち
1　5　8　2

関連年代 1584年…小牧・長久手の戦い。

| 136 ★ **1582**年 | 天正遣欧使節(〜90) |

遣欧の 一行初の ローマ入り
1　5　82

関連人物 ヴァリニャーノ…活字印刷機の輸入に尽力。

内容 足利義昭は武田氏や石山本願寺などと通じて織田信長を打倒しようとしたが、信長により京都から追放され、室町幕府は滅亡した。

参考 信長は1571年には比叡山延暦寺を焼討ちした。1574年には伊勢長島の一向一揆を滅ぼし、1575年には越前の一向一揆を平定した。

!　関連事項

石山本願寺(大坂)の顕如(光佐)は各地の一向一揆を指揮し信長と戦った(石山合戦)が、屈伏した。

内容 徳川家康と連合した信長が大量の鉄砲を有効に活用して、三河の長篠で甲斐の武田勝頼率いる騎馬隊を破った。

参考 翌年、信長は近江の琵琶湖畔に安土城の築城を開始した。その城下町では楽市令を出して、商工業者に自由な営業を認めた。

▲『長篠合戦図屏風』

内容 中国地方の毛利攻めの途中、信長は明智光秀の謀反にあい、京都の本能寺で自害した。

結果 毛利氏と戦っていた羽柴秀吉は変を知ると急ぎ京都に向かい、山崎の戦いで光秀を破った。翌1583年には賤ヶ岳の戦いで柴田勝家を破り、石山本願寺跡に大坂城を築きはじめた。

!　関連事項

秀吉は山崎の戦い直後から太閤検地を始め、全国で行った。京枡が採用され、一地一作人の原則にもとづいて耕作者を検地帳に登録し、荘園制は消滅した。

背景 宣教師ヴァリニャーノが、大村純忠・有馬晴信・大友義鎮の3人のキリシタン大名に少年使節団をローマに派遣するよう勧めた。

結果 伊東マンショ・千々石ミゲル・中浦ジュリアン・原マルチノらはローマ教皇の歓迎を受け、1590年に帰国した。

!　関連事項

南蛮貿易はキリスト教布教と一体化して行われたので、九州を中心に洗礼を受けたキリシタン大名が出現した。

137 1585年　羽柴秀吉が関白となる

今日から関白じゃ

秀吉は 以後は強引 関白に

1　　5　8　5

関連人物　長宗我部元親…四国全土を領有していた戦国大名。

138 ★ 1587年　バテレン追放令

帰れ！

日本から 以後離れるよ 宣教師

1　　5　87

関連人物　大村純忠…最初のキリシタン大名で長崎を領有。

139 ★★ 1588年　刀狩令

へ？こ れ も ？

刀狩 以後は刃物の 所持禁止

1　5　8　8

関連人物　豊臣秀次…秀吉の養子。関白として人掃令を発令。

140 ★★ 1590年　豊臣秀吉が全国統一を完成

よっ　ほっ

戦国

秀吉が 戦国丸く 治めます

1　59　0

関連人物　北条氏政…小田原攻めに降伏して切腹した。

内容 この前年に羽柴秀吉は小牧・長久手の戦いで徳川家康と戦って講和し、この年関白となり、四国の**長宗我部氏**を降伏させた。

参考 翌年、後陽成天皇から**豊臣**の姓を賜り、太政大臣となった。1587年、**惣無事令**に反したとして島津義久を降伏させ、九州を平定した。

関連事項

1588年、豊臣秀吉は後陽成天皇を聚楽第に迎えて、天皇と並ぶ秀吉に対し、諸大名に天皇と秀吉への忠誠を誓わせるなど、朝廷の権威を利用して諸大名を支配した。

背景 豊臣秀吉は九州出兵の際、**大村純忠**が長崎をイエズス会に寄付していたことを知った。

内容 キリスト教勢力を危惧した秀吉は、博多で20日以内に**宣教師の国外退去**を命じたが、貿易は奨励したためキリスト教の取り締まりは不徹底に終わった。一般人の信仰は禁じなかった。

史料

バテレン追放令
一、…伴天連の儀、…今日より廿日の間二用意仕り帰国すべく候。…
一、黒船の儀ハ商売の事に候間、各別に候の条…。
（松浦文書）

内容 京都方広寺の大仏造立を名目に、**一揆**を防止し農業に専念させることを真の狙いに百姓から武器を没収した。

結果 **太閤検地・身分統制令・人掃令**とあわせて、武士と百姓を身分的に区別する**兵農分離**が進行し、近世社会の基礎が構築されていった。

関連事項

1591年の身分統制令は、武家奉公人の百姓・町人化、百姓の商工業者化を禁止するものである。翌年の人掃令で全国の戸口調査を行い、朝鮮出兵に備えた。

内容 小田原を拠点に関東を支配する北条氏を破り、**伊達政宗**など奥羽の大名を臣従させて全国統一を完成した。

参考 徳川家康を関東地方に移らせたが、家康は江戸を中心に開発を進め、約250万石の大名となり、**五大老**の一人として重きをなした。

関連事項

秀吉の独裁政権の下、前田利家ら五大老が国政を補佐し、石田三成ら五奉行が政務を分掌して実務を担当した。

141 **1592**年　文禄の役
ぶんろく　えき

ひでよし
秀吉は　異国に出兵　気分楽？
い　こく　しゅっぺい　き ぶんらく
1　59 2　　　　文禄の役

関連人物　李如松…明の武将。平壌で小西行長らの軍を破る。
り じょしょう　みん　へいじょう　こ にしゆきなが

142 **1598**年　秀吉が死去し朝鮮より撤兵

くうううう
ひでよしし　いちご　く　けいちょう
秀吉死　一期悔やんで　傾聴し
1　5 9 8　　　　慶長の役

＊一期＝一生涯。

関連年代　1597年…慶長の役が始まる。
けいちょう

143 **1600**年　関ヶ原の戦い
せき が はら

西　東

せき が はら　ひと む　とうざいぐん
関ヶ原　人群れおたけび　東西軍
1　6　0　0

関連人物　毛利輝元…西軍の総大将。
もうり てるもと

144 **1603**年　徳川家康が征夷大将軍となる
せい い たいしょうぐん

いえやす　いろん　え どばくふ
家康が　異論おさえて　江戸幕府
1　6　0　3

関連年代　1867年…江戸幕府滅亡。

背景 豊臣秀吉は、朝鮮に日本への入貢と明への先導を要求したが、朝鮮は拒否した。

結果 肥前国名護屋から出兵した日本軍は、小西行長や加藤清正の隊が朝鮮半島北部まで侵攻したが、李舜臣（イ スンシン）ら朝鮮水軍に苦しめられ、いったん停戦した。

▲文禄の役・慶長の役

背景 文禄の役の講和が決裂し、再度、朝鮮に出兵した（慶長の役）。2度の朝鮮出兵は、朝鮮では壬辰倭乱・丁酉再乱と呼ばれた。

結果 日本軍は当初から苦戦し、秀吉の死後撤退した。朝鮮出兵は福島正則と石田三成ら諸大名の対立を生み、豊臣政権は弱体化した。

！ 関連事項

西日本の諸大名が朝鮮から連れ帰った陶工によって、有田焼、萩焼、薩摩焼などがつくられるようになった。

内容 石田三成（西軍）と対立する福島正則や黒田長政などの諸大名をまとめ、東軍の徳川家康が勝利した。

結果 毛利氏の領地を大削減し、豊臣秀頼を一大名とするなど、家康は敵対した大名を厳しく処罰した。

▲関ヶ原の戦いの布陣図

参考 徳川家康は将軍となった直後、全国の大名に江戸の普請と国絵図・郷帳の作成を命じ、全国の支配者であることを示した。

結果 2年後の1605年には将軍職を子の秀忠に譲った。これは徳川氏による将軍職世襲を諸大名に示すためであった。

🔍 もっとくわしく

家康は大御所（前将軍）として駿府で政治の実権を握り続けた。幕府は貨幣鋳造権を独占し、重要都市や主要鉱山を直轄した。

145 ★ **1604**年　糸割符制度が始まる

糸割符 顔色ゼロよ ポルトガル
　　16　　0　4

関連年代〈　1639年…ポルトガル船の来航禁止。

146 ★ **1609**年　己酉約条

約条で 人群れ来るよ 朝鮮に
　　　1　6　0　9

関連年代〈　1510年…三浦の乱。1592～93年…文禄の役。1597～98年…慶長の役。

147 **1610**年　田中勝介がメキシコに派遣される

勝介は メキシコにいろと 命令す
　　　　1　6　10

関連年代〈　1596年…サン=フェリペ号事件。

148 ★ **1613**年　禁教令を全国に拡大

キリストの 禁教広いさ 全国に
　　　　16　1　3

関連年代〈　1612年…直轄領に禁教令を出す。

内容 長崎・京都・堺の糸割符仲間に輸入生糸の価格を決定させ、一括購入・分配させた。のち、大坂と江戸の商人が加わり五カ所商人と呼ばれた。

結果 マカオを根拠地にするポルトガル商人は中国産生糸(白糸)を長崎に持ち込み巨利を得ていたが、これによって大きな打撃を受けた。

!　**関連事項**

生糸は近世初頭までは主要な輸入品であったが、江戸時代に国内生産が進み、幕末の貿易では最大の輸出品目となった。

背景 徳川家康は朝鮮との国交回復をのぞみ、1607年、朝鮮使節を江戸に迎えた。

結果 対馬の宗氏は己酉約条を結んで、朝鮮との貿易を釜山の倭館で行い、対朝鮮貿易を独占した。朝鮮から通信使が派遣され、江戸時代を通じて12回来日し、新将軍の就任を慶賀した。

!　**関連事項**

この年、琉球王国は島津家久の軍の攻撃を受け、薩摩藩に服属することになった。以後、琉球王国は日中両属となった。

内容 徳川家康はスペイン領のメキシコ(ノビスパン)との通商を求めて、京都の商人田中勝介を同地に派遣した。

結果 1613年には仙台藩主伊達政宗もメキシコとの通商を求めて家臣の支倉常長をスペインに派遣した(慶長遣欧使節)が、いずれも失敗した。

🔍　**もっとくわしく**

スペインとの通交は1596年のサン=フェリペ号事件以降断絶していたが、1609年に上総に漂着したルソン前総督ドン=ロドリゴを、家康が翌年メキシコに送還したことで復活した。

背景 徳川家康は朱印船貿易を積極的に推進し、平和外交の方針をとっていた。

内容 一方で、幕府は、キリスト教徒が信仰のために団結することを恐れ、1612年に直轄領に禁教令を出し、1613年に全国に拡大した。翌年には高山右近らをマニラに追放した。

🔍　**もっとくわしく**

朱印船貿易を行った人物としては、島津家久や有馬晴信らの西国大名や、角倉了以・茶屋四郎次郎(京都)、末吉孫左衛門(摂津)、末次平蔵(長崎)らの商人がいる。

149 ★1615年 武家諸法度（元和令）の発布

仕方ないか　そうだな

大名の　異論以後ない　諸法度だ
　　　　1　6　1　5

関連人物　崇伝…南禅寺金地院の僧。禁中並公家諸法度も起草した。

---

150 1616年 ヨーロッパ船の寄港地を平戸・長崎に制限

イギギ　ググダ

外国船　いろいろもめて　平・長に
　　　　1　6　1　6　　　平戸・長崎

関連年代　1622年…キリシタン55人を処刑（元和の大殉教）。

---

151 1624年 スペイン船の来航を禁止

帰れ！…　仕方ない　一路西へ…

イスパニア　来るなと言われ　一路西
スペイン　　　　　　　　　　　1　6　24

関連年代　1584年…スペイン船の平戸来航。

---

152 1629年 紫衣事件

気に入ってたんじゃが…

沢庵が　色に苦しむ　紫衣事件
　　　　16　2　9

関連人物　徳川和子…後水尾天皇の中宮で明正天皇の生母。秀忠の娘。

経過 大坂の陣で豊臣氏が滅ぶと、徳川家康は南禅寺金地院の崇伝に**武家諸法度（元和令）**を起草させ、将軍徳川秀忠の名で発布した。

内容 幕府の許可のない城の修築や大名間の婚姻などを禁止した。1635年の武家諸法度（**寛永令**）で**参勤交代**が制度化された。

▲大名行列（参勤交代）

背景 幕府は、キリスト教の禁教と、西国大名が貿易によって富強になることを防ぎ、幕府が貿易の利益を独占するために、貿易や海外との往来を制限するようになった。

内容 そこでヨーロッパ船の寄港地を平戸・長崎に制限した。

▲平戸・長崎などの位置

経過 この前年、**イギリス**がオランダとの競争に敗れ、平戸の商館を閉鎖して退去した。1624年、幕府はスペイン船の来航を禁止した。

参考 ポルトガル人・スペイン人が南蛮人と呼ばれたのに対して、オランダ人・イギリス人は紅毛人と呼ばれた。

! 関連事項

1629年ごろ長崎で絵踏が始まった。

▲踏絵

内容 1627年、**後水尾天皇**が幕府に無断で高僧に紫衣の着用を認めたことは**禁中並公家諸法度**に反するとして、幕府が勅許を無効にした。

結果 1629年、抗議した大徳寺の**沢庵**が流罪となり、後水尾天皇は退位した。幕府の法度が天皇の勅許に優越することを示すこととなった。

! 関連事項

後水尾天皇の退位で、徳川秀忠の孫の明正天皇が即位した（奈良時代の称徳天皇以来859年ぶりの女性天皇）。

153 ☑ 1633年　奉書船以外の海外渡航を禁止

奉書がいる‼
朱印状

奉書なし　一路散々　海外渡航
　　　　　　1　6　3　3

関連年代　1631年…奉書船制度が始まる。

154 ☑ ★1635年　日本人の海外渡航・帰国を禁止

出ても
入ってもダメー

鎖国令　広く見事な　取り締まり
　　1　6　　3　5

関連年代　1634年…海外の往来や通商を制限。

155 ☑ ★1637年　島原の乱（〜38）

島原に　広く皆寄り　四郎立て
　　1　6　37　　益田（天草四郎）時貞

関連人物　松平信綱…島原の乱の鎮圧に力を尽くした老中。

156 ☑ ★★1639年　ポルトガル船の来航を禁止

ポルトガル　一路御国に　帰国する
　　　　　　1　6　3　9

関連年代　1543年…ポルトガル人の初来日（鉄砲伝来）。

内容 朱印状のほかに老中発行の渡航許可状(老中奉書)をもつ船を**奉書船**という。生糸・絹織物などが輸入され、大量の銀が輸出された。

結果 朱印船貿易では島津氏らの大名も巨利を得ていた。奉書船は特権商人に限り許可されたので、大名の富強化を防ぐことになった。

！ 関連事項

江戸時代を通じて、琉球王国・朝鮮は日本と正式な国交を結んだ通信国であり、中国・オランダとは正式な国交はないが貿易のみを行う通商国であった。

背景 朱印船貿易がさかんになると、東南アジア各地には**日本町**が形成され、貿易に従事する日本人が多数住んでいた。

内容 幕府は日本人の海外渡航と在外日本人の帰国を全面的に禁止した。これにより、朱印船貿易は途絶えた。

！ 関連事項

シャム(現在のタイ)のアユタヤにあった日本町の長であった**山田長政**が最も有名。のちリゴール(六昆)太守となったが、政争で毒殺された。

内容 天草領主寺沢氏・島原領主松倉氏による圧政とキリスト教徒への弾圧に対し、3万人余りの土豪や百姓が一揆をおこした。

結果 **益田(天草四郎)時貞**を首領とし、牢人やキリスト教徒が原城跡に籠城。幕府は約12万の兵力を動員し、オランダの援護で翌年鎮圧した。

🔍 もっとくわしく

乱後、幕府はキリスト教徒を見つけ出すために**絵踏**を強化した。また、すべての人をどこかの寺院の檀家にさせる**寺請制度**を設け、**宗門改め**を行った。

内容 島原の乱に衝撃を受けた幕府はキリスト教根絶のため、ポルトガル船の来航を禁止した。オランダがヨーロッパで唯一の通商国となった。

参考 1636年、幕府は新たに築造した出島にポルトガル人を移すとともに、通商に関係のないポルトガル人の子孫を追放していた。

📄 史料

寛永十六年禁令

…自今以後、**かれうた渡海の儀、之を停止せられ訖**。

…　　　　　(『御当家令条』)

(かれうた=ポルトガル船)

157 ★★ **1641**年　平戸のオランダ商館を長崎の出島に移す

蘭商館　出島じゃ望めぬ　広し位置
　　　16　4　　　　　　1

〈関連年代〉　1689年…長崎郊外に唐人屋敷を設置。

158 ★ **1643**年　田畑永代売買の禁止令

田畑売る　人無視された　禁止令
　1　6　4　3

〈関連年代〉　1641～43年…寛永の飢饉。

159 ★ **1651**年　慶安の変

乱おこし　正雪の顔　疲労濃い
　　　　　1　6　5　1

〈関連人物〉　保科正之…3代家光の弟。徳川家綱を補佐した会津藩主。

160 ★ **1669**年　シャクシャインの戦い

シャクシャイン　一路むくれて　戦やり
　　　　　　　1　6　6　9

〈関連年代〉　1457年…コシャマインの戦い。

内容 幕府は長崎港内に人工島の**出島**を築き、平戸のオランダ商館を移した。商館長は海外事情をまとめた**オランダ風説書**を幕府に提出した。

結果 以後200年余り続いた、禁教政策と結びついた限定された外交のあり方は、のちに**鎖国**と呼ばれるようになった。

▲出 島

内容 飢饉で田畑を売る本百姓が続出したので、この命令によって本百姓体制の動揺をくいとめようとした。質流れが横行し有名無実化しながらも、1872年まで存続した。

参考 幕府や藩の収入の8割以上は、本百姓が納める**本途物成**や**小物成**などであった。

! **関連事項**

農村には5戸を基準とした**五人組**が組織され、犯罪の監視・年貢納入の連帯責任が課された。

内容 3代将軍徳川家光が死去し、子の家綱の将軍宣下が行われる少し前に、兵学者の**由井(比)正雪**らが反乱をおこそうとしたが、未遂に終わった。

結果 **武断政治**による大名の改易は牢人を急増させ、「かぶき者」とともに治安悪化を招いた。この事件を契機に幕府は**文治政治**に転換した。

! **関連事項**

幕府は、50歳未満の大名を対象に**末期養子の禁**を緩和し、改易による牢人の発生を抑えようとした。また、家綱は武家諸法度(寛文令)を発布し、**殉死の禁止**を命じた。

内容 **松前藩**は家臣にアイヌとの交易権を与える**商場知行制**をとっていたが、松前藩の不正交易に対してシャクシャインを長にアイヌが蜂起した。

結果 松前藩が勝利し、アイヌ支配は強化された。18世紀初期には、特定商人に交易をまかせ、運上を徴収するようになった(**場所請負制**)。

▲和人の進出(1669年ごろ)

161 ★ 1673年　分地制限令

分割で　一路涙の　制限令
1　6 73

| 関連年代 | 1643年…田畑永代売買の禁止令。1713年…分地制限令改定。 |

162 1682年　井原西鶴が『好色一代男』を著す

西鶴の　色は匂うぞ　一代男
16 8 2

| 関連人物 | 西山宗因…西鶴の師。自由で平易な談林俳諧を創始。 |

163 1684年　貞享暦を採用

天文方　採ろうやよい方　貞享暦
1　6 8 4

| 関連人物 | 渋川春海（しゅんかい）…初めは安井算哲として幕府碁所を勤めていた。 |

164 ★★ 1685年　生類憐みの令（～1709）

憐み令　人牢屋護衛の　綱よこせ
1 6 8 5　　綱吉

| 関連人物 | 荻原重秀…勘定吟味役（のちに勘定奉行）。 |

内容 幕府は田畑の細分化を防ぐため、20石以下の名主、10石以下の本百姓の**分割相続**を禁止した。1713年に改定され、10石以下・1町以下になる分地が禁止された。

背景 分割相続で百姓の経営が零細化すると、生活や年貢納入にさしつかえると考えた。

🔍 **もっとくわしく**

17世紀後半には新田開発が限界に達しつつあり、本百姓から徴収する年貢を財政基盤とする幕府は、本百姓体制を維持し年貢を確保する必要があった。

内容 **井原西鶴**は仮名草子を発展させた**浮世草子**と呼ばれる小説を書き、人気を博した。
参考 『好色一代男』『好色五人女』の好色物、『日本永代蔵』などの町人物（上方町人を描く）、『武道伝来記』などの武家物（武士の生活を描く）の3つのジャンルが大流行した。

！ 関連事項

近松門左衛門は現実の社会や歴史を題材とした人形浄瑠璃や歌舞伎の脚本を書いた。世話物の『曽根崎心中』や時代物の『国性(姓)爺合戦』などがある。

内容 渋川春海（安井算哲）が従来の暦の誤差を修正し、**貞享暦**という日本独自の暦をつくった。この功績で、渋川は幕府の**天文方**に任じられた。
参考 5代将軍徳川綱吉は学問を奨励し、**湯島聖堂**を建立した。大老の堀田正俊が暗殺された後は、**側用人**の柳沢吉保が政治を補佐した。

！ 関連事項

聖堂学問所の主宰に**林鳳岡**(信篤)(林羅山の孫)が命じられ、鳳岡は大学頭に任命された。**北村季吟**は『源氏物語湖月抄』を著すなど国学発展の先駆をなし、**歌学方**に登用された。

背景 綱吉は仏教を厚く信仰し、仏教の慈悲の精神を政治に示そうとした。前年には忌引の日数を定めた**服忌令**が出された。
内容 犬をはじめ、すべての動物の殺生を禁じた。庶民の間で不満が高まった一方で、捨て子の保護など生命を尊重する意識も高まった。

！ 関連事項

明暦の大火後の再建費用や寺社の造営などで窮迫した財政を立て直すため、**荻原重秀**は金の含有量を減らした**元禄小判**を発行した。幕府の収入は増えたが、物価の上昇を引きおこした。

165 ☑ 1709年 新井白石を登用(正徳の政治)

白石は 非難丸く しようとし
　　　　1　7　0　9　　正徳の政治

関連人物　新井白石…著書『読史余論』『古史通』『折たく柴の記』。

166 ☑ 1710年 閑院宮家の創設

白石が 一難異例の 宮家立て
　　　　1　7　1　0　　閑院宮家

関連人物　木下順庵…白石の師で加賀藩主前田綱紀が招いた。

167 ☑ 1715年 海船互市新例

互市新例 いいな以後より 金たまる
　　　　　　1　7　1　5

関連年代　1714年…貨幣改鋳(正徳小判)。

168 ☑ ★ 1716年 享保の改革が始まる(〜45)

競歩して 人の名広がる 吉宗さん
享保の改革　1　7　16

関連人物　室鳩巣…白石らと同じく木下順庵に師事した。

内容 6代将軍徳川家宣は、生類憐みの令を廃止して柳沢吉保や荻原重秀を罷免、朱子学者の新井白石と側用人間部詮房を登用して政治の刷新を図った（**正徳の政治**）。

参考 白石はイタリア人宣教師シドッチを尋問して『采覧異言』『西洋紀聞』を著した。

もっとくわしく

側用人は将軍と老中の間の連絡役であったが、上位の老中よりも実権をもつ者が現れた。

内容 白石は将軍の権威を高めるために**閑院宮家**を創設し、朝廷との結びつきを強めた。

参考 白石は**朝鮮通信使**の待遇を簡素化して経費を削減し、朝鮮から日本への国書の宛て名を「日本国大君殿下」から「日本国王」と改めさせ、将軍の地位を明確にした。

▲朝鮮通信使

内容 **長崎貿易**で金銀が海外へ大量に流出しているとして、清船は年間30隻、銀高にして6000貫、オランダ船は2隻、銀高3000貫に制限し、銅の支払額も抑えた。

背景 前年に慶長小判と同質の**正徳小判**を発行したが、かえって経済は混乱した。

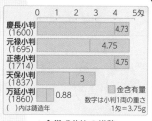

	0	1	2	3	4	5匁
慶長小判 (1600)					4.73	
元禄小判 (1695)					4.75	
正徳小判 (1714)					4.75	
天保小判 (1837)			3			
万延小判 (1860)	0.88					

■ 金含有量
数字は小判1両の重さ
1匁＝3.75g

▲金貨成分比の推移

経過 7代将軍徳川家継が幼少で亡くなると、紀伊藩主徳川吉宗が将軍となった。儒学者の荻生徂徠や室鳩巣らが仕えた。

内容 享保の改革は、家康のころの幕政に戻すのが基本方針で、財政再建と商業資本や市場の統制に力を入れた。

▲徳川吉宗

169 ★1719年　相対済し令

貸借は いいないくらか 済し令
　　　　1　7　1　9

関連人物　荻生徂徠…『政談』を著し、武士土着論などを説いた。

170 1720年　漢訳洋書輸入の禁を緩和

漢訳書 いい名に礼する 吉宗公
　　　　1　7　2　0

関連人物　青木昆陽…吉宗の命で甘藷栽培を研究し『蕃薯考』を著した。

171 ★1721年　評定所に目安箱を設置

吉宗は 非難に一応 目安つけ
　　　1　7　2　1　　　目安箱

関連年代　1722年…小石川薬園に小石川養生所を設ける。

172 ★★1722年　上げ米

上げ米を 人何に使うの 再建さ
　　　　1　7　2　2

関連年代　1789年…諸大名に囲米を命じる。

内容 旗本や御家人の金銭貸借訴訟(金公事)を
受けつけず、当事者間で解決するよう命じた。

背景 17世紀後半から藩財政や武士の家計は窮
乏し、藩は大坂の商人から、旗本・御家人は
江戸の札差から借財をすることが急増。家臣の
俸禄は借り上げられるようになっていた。

!　**関連事項**

札差は蔵宿ともいい、蔵米
取の旗本・御家人の代理と
して蔵米の受取・売却を行
う一方で、金融で巨利を得
ていた。

内容 キリスト教以外の漢訳洋書の輸入を認め、
野呂元丈と青木昆陽にオランダ語を学ばせた。
こうして蘭学発展の基礎ができた。

参考 1732年には西国一帯で**享保の飢饉**が発生
し、吉宗は甘藷(さつまいも)などの備荒や商品
作物栽培を奨励するなど、**実学**を重視した。

!　**関連事項**

西川如見の『華夷通商考』、
新井白石の『西洋紀聞』、漢
訳洋書の輸入が、蘭学発達
の先駆となった。

内容 吉宗は江戸の都市政策に尽力し、庶民の
意見を聞くために評定所門前に**目安箱**を設置し
て投書させた。将軍自ら目を通し、政治に反映
しようとした。

結果 目安箱への投書によって、貧民の医療施
設として**小石川養生所**が設立された。

!　**関連事項**

1657年の明暦の大火で江
戸の大半が焼失した。町奉
行大岡忠相は町方に**町火消**
を設置し、道幅の広い広小
路や延焼防止のため火除地
を整備した。

内容 幕府財政の再建のため、大名から1万石
につき100石の米を臨時に上納させ、かわりに
参勤交代の在府期間を半年とした。上納され
た米は、幕府の年貢収入の1割以上に相当した。

結果 **定免法**の採用などで年貢を増徴し、財政
が好転したので、1731年に廃止された。

🔍　**もっとくわしく**

それまでの検見法を改め、
収穫量に関係なく、過去3
～10年の年貢高を基準に
税率を一定にする**定免法**を
採用した。

173 ★ 1723年 足高の制

足高で **自由な人材** 登用す

1　　7　2　3

関連人物 田中丘隅…意見書『民間省要』を吉宗に献じた。

174 1742年 公事方御定書ができる

文句言う 人なしになる 定書

1　7　4　2　　　　公事方御定書

関連人物 大岡忠相…江戸町奉行・寺社奉行などを歴任した。

175 ★ 1758年 宝暦事件

宝暦で 非難御法度 重処罰

宝暦事件　1　7　5　8

関連人物 高山彦九郎…全国を遊説した尊王論者。

176 1765年 鈴木春信が錦絵を始める

春信が いいな向こうで 錦の絵

1　7　6　5

関連人物 池大雅・田能村竹田…文人画（南画）。司馬江漢…銅版画。

内容 支出を抑制し、有能な人材を登用するため、役職の役高（基準となる石高）に達していない場合、在職中に限って旗本らの禄高を増した。

参考 吉宗が登用した有能な人材としては、**大岡忠相**（江戸町奉行）、宿駅の名主だった**田中丘隅**らがいる。

> **！ 関連事項**
>
> 吉宗は大坂の堂島米市場や株仲間を公認し、「米価安の諸色高」（諸物価に対して米価が安いこと）対策に尽力した。米価の安定に努めた吉宗は「米公方」と呼ばれた。

内容 江戸町奉行に登用された**大岡忠相**が裁判や刑罰の基準を定め、司法の合理化を図った。下巻は刑法・刑事訴訟法で「御定書百箇条」ともいわれる。

参考 このほか、1615年以降の幕府法令を編纂して『御触書寛保集成』が作成された。

> **！ 関連事項**
>
> 財政再建には成功したが、享保の飢饉を契機に**百姓一揆**や**打ちこわし**が増えた。特に1733年に発生した江戸の打ちこわしは大規模であった。

内容 **竹内式部**が京都で公家に**尊王論**を説き、幕府から追放刑に処せられた。

参考 『柳子新論』の著者**山県大弐**が江戸で幕政の腐敗を批判し、尊王論を説いたため、1767年に処刑された。このとき竹内式部は連座して八丈島への流罪となった（**明和事件**）。

> **！ 関連事項**
>
> 水戸学や尊王論はのちに攘夷論と結びつくようになり、『弘道館記述義』の著者藤田東湖や『新論』の著者会沢安らが尊王攘夷論を説いた。

内容 **鈴木春信**が多色刷りの浮世絵版画（**錦絵**）を創始した。元禄期に**菱川師宣**が始めたのは一色刷りであった。

参考 同時期に**円山応挙**が遠近法を取り入れて写生画を描いた。寛政ごろに**喜多川歌麿**の美人画や**東洲斎写楽**の役者絵が流行した。

> **！ 関連事項**
>
> 開国後、浮世絵は1867年のパリ万国博覧会などを通じて海外に紹介され、モネやゴッホらヨーロッパの印象派画家に影響を与えた（ジャポニスム）。

江戸時代

177 ★**1767**年　田沼意次が側用人となる

側に来て　賄賂否むなと　田沼言い

側用人　　　　　　　　1　7　6　7

関連人物　**田沼意知**…意次の子で、佐野政言に刺殺された若年寄。

---

178 **1772**年　南鐐二朱銀の発行

南鐐で　人の名なじむ　意次さん

　　　　1　7　7　2

関連年代　1765年…明和五匁銀の鋳造。

---

179 ★**1774**年　『解体新書』の刊行

杉田らの　解体新書に　非難なし

　　　　　　　　　　　　1　7　7　4

関連人物　**小田野直武**…『解体新書』の扉絵・解剖図を描いた。

---

180 ★**1782**年　天明の飢饉が始まる

飢えてんの　ひとつも納屋に　米はなし

天明の飢饉　　　1　　　7　7　8　2

関連年代　1833年…天保の飢饉が始まる。

内容 田沼意次は10代将軍徳川家治の側用人と
なり、1772年には老中となって、商人の経済
力を利用することで財政再建を進めた。
参考 銅座・真鍮座・朝鮮人参座などを創設し
て幕府の専売制をしき、株仲間を積極的に公認
して運上・冥加などの増収を図った。

内容 秤量(重さを量って用いる)貨幣である銀
貨を計数貨幣にして、金中心の貨幣制度に統一
しようとした。
参考 田沼は長崎貿易の拡大をめざし、銅・俵物
(干し鮑・いりこ・ふかひれ)を輸出して、金・
銀の輸入を増やそうとした。

▲南鐐二朱銀

内容 山脇東洋が日本最初の解剖図録『蔵志』を
著した後、前野良沢・杉田玄白らが『ターヘル
=アナトミア』を翻訳し、『解体新書』として刊行。
参考 玄白の『蘭学事始』に翻訳の苦心談が書か
れている。このあと大槻玄沢の芝蘭堂が、江
戸における蘭学研究の中心的存在となった。

内容 東北地方の冷害に始まり、翌年の浅間山
の大噴火が加わって、多数の餓死者を出す深刻
な飢饉となった。
結果 この飢饉の結果、各地で百姓一揆が発生
し、江戸・大坂など主要都市で大規模な打ちこ
わしがおこった。

181 1785年 最上徳内が千島探検に出発

千島へ行ってきます

探検に 徳内はゴーと 千島行き
1 7 8 5

関連年代 1778年…ロシア船が蝦夷地の厚岸に来航し通商を要求。

182 ★★1787年 寛政の改革が始まる(〜93)

改革で いいな花咲く 定信さん
1 7 87

関連人物 田安宗武…定信の父で、御三卿の一つ田安家の祖。

183 ★1789年 棄捐令

借金帳消し

旗本の 一難は急きょ 消えんでー
1 7 8 9   棄捐令

関連年代 1789年…尊号一件で松平定信と光格天皇が対立。

184 ★1790年 人足寄場の設置

や、宿がないの

石川じゃ 寄場で無宿の 人泣くわ
石川島   1 7 9 0

関連人物 長谷川平蔵…人足寄場の設置に力を尽くした。

背景 田沼意次は仙台藩医工藤平助の『赤蝦夷風説考』による建言を受けて、蝦夷地開発とロシアとの交易を計画した。

結果 最上徳内は択捉島付近までの探査を行った。1786年、将軍徳川家治が死去し田沼が老中を罷免されると、蝦夷地開発は中断された。

▲北方探検

内容 白河藩主で、吉宗の孫の松平定信の改革。享保の改革を理想とし、農村の再建と政治の引き締めをめざしたが、厳しい倹約や統制は民衆の反感を買うことになった。

参考 洒落本『仕懸文庫』の著者山東京伝や黄表紙『金々先生栄花夢』の著者恋川春町らを処罰。

> ！ **関連事項**
>
> 江戸に流入した百姓の帰村や帰農を奨励する旧里帰農令を出した。

内容 定信は棄捐令を出し、生活に困窮していた旗本・御家人が札差から借りていた6年以前の借金を帳消しとし、5年以内のものは利息を引き下げて年賦での返済を命じた。

結果 この命令で札差は大打撃を受けたが、旗本・御家人の根本的な救済にはならなかった。

> ！ **関連事項**
>
> 定信は、飢饉に備えて各地に社倉・義倉をつくらせ、大名には1万石につき50石の米穀を蓄えさせた(囲米)。

内容 無宿人に職業訓練を行い、定職を得させようと石川島に人足寄場が設置された。

参考 寛政の改革の都市政策としてはほかに、飢饉に備えて町費の節約分7割を積み立てる七分積金があり、江戸町会所がその管理運営にあたった。

▲石川島の人足寄場

185 1790年　寛政異学の禁

異学への 非難暮れには 完成し
　　　　1　7　9　0　　　　　寛政異学の禁

> 関連人物　林述斎…寛政異学の禁を推進したときの大学頭。

186 1791年　林子平が『海国兵談』を刊行

海国で いいな悔いなし 子平さん
　　　1　7　9　1

> 関連人物　林子平…『三国通覧図説』で蝦夷地開拓の必要性を説いた。

187 ★1792年　ラクスマンが根室に来航

ラクスマン 千難苦にして 根室去る
　　　　　1　7　9　2

> 関連人物　桂川甫周…大黒屋光太夫の見聞を『北槎聞略』にまとめた。

188 ★1804年　レザノフが長崎に来航

長崎で 威張れしレザノフ 帰国する
　　　　1　8　0　4

> 関連年代　1798年…近藤重蔵・最上徳内らが択捉島を探査。

内容 儒学のうち、朱子学を正学とし、湯島聖堂の学問所では陽明学や古学など朱子学以外（異学）の講義を禁止した。
参考 柴野栗山・尾藤二洲・岡田寒泉（のち古賀精里）ら「寛政の三博士」が教官として指導にあたった。

もっとくわしく

学問所は1797年に幕府直轄となり、昌平坂学問所と呼ばれた。

内容 林子平が『海国兵談』を出版して海防の必要性を論じたが、幕政批判として処罰された。
参考 このころ本多利明は『西域物語』・『経世秘策』を著し、鎖国をやめて海外貿易をさかんにするよう説いた。やや遅れて同じく経世家の佐藤信淵は『経済要録』で貿易の展開を主張した。

史料

海防論
…江戸の日本橋より唐、阿蘭陀迄境なしの水路也。然ルを此に備ずして長崎にのミ備ルは何ぞや。
（『海国兵談』）

内容 ロシアのラクスマンが女性皇帝エカチェリーナ2世の命により、大黒屋光太夫らの送還と通商を求めて根室に来航した。
結果 幕府は通商要求を拒否し、長崎入港許可証（信牌）を与えて退去させた。一方で、諸藩に江戸湾と蝦夷地の海防を命じた。

▲根室の位置

内容 ラクスマンが入手した長崎入港許可証（信牌）をもって、ロシア使節レザノフが長崎に来航し、通商を要求した。
結果 幕府はオランダ・中国以外とは通商しないとして拒否したため、のちにロシアは択捉島や樺太などを攻撃した。

関連事項

近藤重蔵は千島を探査し、択捉島に日本の領土であることを示す「大日本恵登呂府」の標柱を立てた。

189 1806年 文化の薪水給与令

いろいろあげたし、もう来ないでね

文化の日 晴れろみやげは 給与令
1　8　0　6

＊文化の日は、晴天の日が多い気象上の特異日と言われていた。

関連年代　1808年…間宮林蔵が樺太を探査。

190 ★1808年 フェートン号事件

薪水を要求する
フェートン号　オランダ

フェートンが 違反をやった 長崎湾
1　8　0　8

関連人物　徳川家斉…将軍・大御所として約50年間実権を握った。

191 ★1811年 ゴローウニン事件

グーグー

ゴローウニン 一夜いい宿 高田屋で
1　8　1　1

関連人物　ゴローウニン…拘留中に『日本幽囚記』を著した。

192 1814年 曲亭馬琴が『南総里見八犬伝』を刊行

刊行が始まったよ！

八犬伝 刊行される 日は一緒
1　8　1　4

関連人物　上田秋成…読本作家で『雨月物語』を著した。

内容 相次ぐ外国船の接近に対し、幕府は鎖国を維持するため、外国船に薪水・食料を与えて退去させる方針にかえた。

結果 この翌年に幕府は松前藩と蝦夷地をすべて直轄地とし、松前奉行を置いて東北諸藩に警備を命じた。

! 関連事項

間宮林蔵は樺太とその対岸を探査し、樺太が島であることを確認した。

レザノフ来航
（露） 1804

フェートン号事件
（英） 1808

オランダ国王開国勧告
1844

プチャーチン来航
（露） 1853

モリソン号事件
（米） 1837

ゴローウニン事件
（露） 1811

ラクスマン来航
（露） 1792

ビッドル来航
（米） 1846

ペリー来航
（米） 1853

択捉島

国後島

根室

箱館

松前

江戸

浦賀

下田

長崎

山川

▲列強の接近

内容 イギリスの軍艦フェートン号が長崎湾内に侵入し、オランダ商館員を捕らえて、薪水・食料を要求した。

結果 結局、薪水を受けとり人質を解放して退去したが、長崎奉行松平康英は責任をとり自刃した。

内容 ロシア海軍の艦長ゴローウニンが国後島を測量中に幕府の役人に捕らえられた。

結果 翌年、ロシア側も択捉航路を開拓した商人高田屋嘉兵衛を抑留した。1813年、釈放された嘉兵衛はゴローウニンの釈放に尽力し、事件は解決。これによって日露関係は改善された。

! 関連事項

幕府は1799年に東蝦夷地を、1807年に西蝦夷地を直轄地にした。その後、1821年に幕府は全蝦夷地を松前藩に還付した。

内容 読本作者の曲亭馬琴が勧善懲悪の長編小説『南総里見八犬伝』を書いた。

参考 化政文化では、滑稽本（十返舎一九『東海道中膝栗毛』・式亭三馬『浮世風呂』）、人情本（為永春水）、合巻（柳亭種彦）など絵入りの読み物が流行した。

! 関連事項

俳諧では、信濃の百姓小林一茶が人間味あふれる句を詠んだ。美術では、葛飾北斎の『富嶽三十六景』や歌川広重の『東海道五十三次』など風景画の錦絵が人気となった。

193 1821年 「大日本沿海輿地全図」が完成

忠敬の いやにいいでき 輿地全図
1 8 2 1

関連人物　高橋至時…幕府の天文方で寛政暦を作成した。

194 ★1825年 異国船打払令（無二念打払令）

異国船 いや都合聞かずに 打ち払え
1 8 2 5

関連年代　1842年…異国船打払令の緩和（天保の薪水給与令）。

195 ★1828年 シーボルト事件

シーボルト いやにやつれて チーズ食べ
1 8 2 8　　　　　　地図持ち出し

関連年代　1811年…高橋景保の建議で蛮書和解御用を設置。

196 ★1837年 大塩の乱

大塩を 人は皆で 応援し
1 8 37

関連人物　大塩平八郎…家塾洗心洞を開いた陽明学者。

内容 高橋至時に測地・暦法を学んだ伊能忠敬（いのうただたか）が1800年に幕命を受けて全国を測量し、彼の死後3年たって完成した。

参考 1811年、幕府は天文方に蛮書和解御用（ばんしょわげごよう）（幕末に蕃書調所（ばんしょしらべしょ）に改称）を設置し、至時の子高橋景保（かげやす）らに洋書を翻訳させた。

▲「大日本沿海輿地全図」

背景 1824年イギリス船が常陸大津浜（ひたちおおつはま）、薩摩宝島（さつまたからじま）に上陸する事件が発生したことを契機に、幕府は方針を転換した。

内容 外国船を「二念なく」（迷うことなく）打ち払うよう命じた。オランダ船は長崎以外では打ち払うとした。清（しん）・朝鮮・琉球（りゅうきゅう）の船は対象外とされた。

◇ **史 料**

異国船打払令

一体いきりす二限らず、南蛮・西洋の儀は、御制禁邪教の国二候間、…二念無く打払ひを心掛け、…
（『御触書天保集成（おふれがきてんぽうしゅうせい）』）

内容 帰国しようとしたドイツ人医師**シーボルト**の荷の中に持ち出し禁止の日本地図があり、シーボルトを国外追放にした。地図を贈ったとされる天文方の高橋景保は獄死した。

参考 シーボルトは長崎の鳴滝塾（なるたきじゅく）で医学や博物学などを教え、**高野長英**（たかのちょうえい）もここで学んだ。

🔍 **もっとくわしく**

シーボルト事件以降、幕府は蘭学者（らんがくしゃ）の弾圧・統制を強めた。緒方洪庵（おがたこうあん）が大坂に開いた適々斎塾（てきてきさいじゅく）（適塾）では蘭学が教授され、福沢諭吉（ふくざわゆきち）らが学んだ。

内容 1833年から続いた**天保の飢饉**（てんぽうのききん）で、大坂でも餓死者が出た。**大塩平八郎**は大坂町奉行（まちぶぎょう）の無策と米商人の買い占めに怒り、乱をおこした。

結果 乱はただちに鎮圧されたが、幕府や諸藩に衝撃を与えた。国学者の**生田万の乱**（いくたよろずのらん）（越後柏崎（えちごかしわざき））など同様の動きが各地に波及した。

▲大塩平八郎

197 ★ 1837年 モリソン号事件

モリソンを 嫌味な幕府 打ち払う
18　3　7

関連年代　1839年…蛮社の獄。

198 ★★ 1841年 天保の改革が始まる(〜43)

水野出て はじめはよいぞ テンポよし
1　8　4　1　　天保の改革

関連年代　1841年…株仲間の解散。1843年…人返しの法。

199 ★ 1842年 天保の薪水給与令

外国船 運転癒やしに 薪と水
天保の薪水給与令 1　8　4　2

関連人物　高島秋帆…幕府に招かれ徳丸ガ原で練兵を行った。

200 ★ 1843年 上知令(あげち)

上知令 いやよ財政 窮屈だ
あげちれい　1　8　4　3

関連人物　徳川家慶…天保の改革時の12代将軍。

内容 アメリカの商船**モリソン号**が日本人漂流民の送還と通商を求めて**浦賀**に来航したが、異国船打払令のために撃退された。

結果 **渡辺崋山**は『**慎機論**』、**高野長英**は『**戊戌夢物語**』を書き幕府政策を批判したため、幕府は彼らを含む学者の勉強会**尚歯会**を処罰（**蛮社の獄**）。

🔍 **もっとくわしく**

前年には甲斐郡内や三河加茂で大規模な百姓一揆もおこり、日本は「**内憂外患**」の状況であった。徳川斉昭はその様子を戊戌封事にまとめた。

内容 老中**水野忠邦**が天保の飢饉や社会の動乱に対して改革を実行した。物価高対策として**株仲間の解散**を命じ、農村の再建のために**人返しの法**を出した。

参考 人情本『**春色梅児誉美**』の著者為永春水や合巻『**修紫田舎源氏**』の著者柳亭種彦を処罰した。

❗ **関連事項**

1840年、幕府は川越藩の松平家を庄内藩へ、庄内藩の酒井家を長岡藩へ、長岡藩の牧野家を川越へ転封させる**三方領知替え**を命じたが、酒井家や庄内藩領民らの反対にあい撤回した。

内容 **アヘン戦争**で清がイギリスに敗北しそうであることなどを知った幕府は、打ち払いから薪水を与えて退去させる方針に転換した。

参考 同年、南京条約が締結され、清は上海など5港を開港してイギリスに香港を割譲した。なお、香港は1997年に中国に返還された。

❗ **関連事項**

オランダ商館長が提出するオランダ風説書で、幕府は海外情報を得ていた。清からは唐船風説書がもたらされていた。

内容 **江戸・大坂**周辺10里四方（約50万石）の大名・旗本領を幕府直轄地とし、幕府権力の強化と対外防備の強化を狙った。

結果 諸大名や旗本に反対されてまもなく撤回し、水野は老中を罷免された。改革の失敗は幕府権力の失墜を示すことになった。

❗ **関連事項**

調所広郷の薩摩藩、**村田清風**の長州藩、**鍋島直正**の肥前藩で藩政改革が行われ、成果をあげた。これらの藩は**雄藩**として幕末の政局で大きな影響力をもつようになった。

☑①1560年の桶狭間の戦いで滅ぼされたのはだれか？ ① 今川義元

☑②1568年に織田信長はだれを奉じて入京したか？ ② 足利義昭

☑③1575年の長篠の戦いで敗れたのはだれか？ ③ 武田勝頼

☑④1582年の天正遣欧使節を勧めた宣教師はだれか？ ④ ヴァリニャーノ

☑⑤豊臣政権下での朝鮮出兵において、日本軍は肥前国のどこから出発したか？ ⑤ 名護屋

☑⑥1610年にメキシコに派遣された京都の商人はだれか？ ⑥ 田中勝介

☑⑦1629年の紫衣事件で退位したのはだれか？ ⑦ 後水尾天皇

☑⑧江戸時代初期の朱印船貿易によって、東南アジア各地に形成された日本人居住地を何というか？ ⑧ 日本町

☑⑨松前藩が特定商人にアイヌとの交易をまかせ、運上を徴収した制度を何というか？ ⑨ 場所請負制

☑⑩1684年に採用された貞享暦を作成したのはだれか？ ⑩ 渋川春海(安井算哲)

☑⑪新井白石とともに正徳の政治を進めた側用人はだれか？ ⑪ 間部詮房

☑⑫1715年に新井白石が発した貿易制限令を何というか？ ⑫ 海舶互市新例

☑⑬徳川吉宗に甘藷栽培の研究を命じられたのはだれか？ ⑬ 青木昆陽

☑⑭1758年の宝暦事件で処罰された尊王論者はだれか？ ⑭ 竹内式部

☑⑮1772年に田沼意次が発行した銀貨を何というか？ ⑮ 南鐐二朱銀

☑⑯1774年に杉田玄白らが刊行した医学書は何か？ ⑯ 解体新書

☑⑰1785年に田沼意次の命で千島に出発したのはだれか？ ⑰ 最上徳内

☑⑱1787年から寛政の改革に着手した老中はだれか？ ⑱ 松平定信

☑⑲1791年に『海国兵談』を著したのはだれか？ ⑲ 林子平

☑⑳1792年にロシア使節ラクスマンはどこに来航したか？ ⑳ 根室

☑㉑1808年に長崎に侵入したフェートン号の国籍は何か？ ㉑ イギリス

☑㉒1814年に刊行を始めた曲亭馬琴の読本を何というか？ ㉒ 南総里見八犬伝

☑㉓1825年に発令された外国船を砲撃する法令は何か？ ㉓ 異国船打払令(無二念打払令)

☑㉔1837年のモリソン号事件を批判し、『戊戌夢物語』を著した蘭学者はだれか？ ㉔ 高野長英

☑㉕1841年から天保の改革に着手した老中はだれか？ ㉕ 水野忠邦

Chapter

04

近代

Introduction	118〜119
江戸時代	120〜123
江戸〜明治時代	124〜125
明治時代	126〜143
明治〜大正時代	144〜145
大正時代	146〜147
大正〜昭和時代	148〜149
昭和時代	150〜153
・章末チェック	154

日米和親条約
1854年　▶p.120

ペリーによる強硬な開国要求に屈した江戸幕府は…

一夜ごし（1854）で交渉し、日米和親条約の締結に至った

ミスターペリー、徹夜で眠いことでしょう。隣の部屋のベッドで休んでください

サンキューです

しめしめ。寝ている間にこっそり条文を書き直しておこう…

ジーザス！日本のサムライ、油断大敵！

大日本帝国憲法の発布
1889年　▶p.138

伊藤博文らを中心に憲法の草案づくりが進められ…

明治天皇から内閣総理大臣の黒田清隆に大日本帝国憲法が授けられた

この憲法はアジアでいち早く（1889）発布された憲法として後世に名を残すだろう

総理、あいにくですが、今から10年以上前にトルコで憲法が発布されております

ムムッ…では東アジアで一番ということで…

ポリポリ

ポーツマス条約

1905年　▶p.142

二・二六事件

1936年　▶p.150

日露戦争はアメリカが仲介したポーツマス条約の締結により終結したが…

日本はロシアから賠償金を得ることができなかった

陸軍皇道派の青年将校たちが首相官邸や警視庁などを襲う二・二六事件がおこった

日比谷公園

賠償金がとれないなんてあんまりだ！

我々は皆、ひどく怒（1905）っているんだぞ！

それにしても、ひどく寒（1936）い日にクーデタをおこしたもんだ。雪もこんなに積もっている

皆さんの気持ちはよくわかりますが、不満を言ってもきりがありません

ここは大きな公園。気晴らしに今流行しているダンスでも踊りませんか？

この寒さでは体が凍えて自由に動けませんよ

俺にいい考えがある

最先端にもほどがある

ヒャッハー―!!!

ワオ

イェ――イ！

雪合戦して体を温めよう！

気を抜くなーっ！真剣に戦えーっ！

ワーイ

201 ☑ **1844**年　オランダ国王の開国勧告

かいこく　すす　らんおう　ひと
開国を 勧める蘭王 人はよし

オランダ国王 　1 8 4 4

> 関連年代　1846年…ビッドルが浦賀に来航した。

202 ★ **1853**年　ペリーが浦賀に来航

き　　　こさん　えどばくふ
ペリー来て はじめは誤算 江戸幕府

1　　 8 5 3

> 関連人物　阿部正弘…江戸湾に台場を築き大船建造の禁を解いた。

203 ★ **1854**年　日米和親条約

にちべい　わしんじょうやく　いちや
日米の 和親条約 一夜ごし

1　 8 5 4

> 関連年代　1854年…日露和親条約を結ぶ。

204 ★ **1858**年　日米修好通商条約

しゅうこう　はじ　こば　ふびょうどう
修好は 初めは拒むも 不平等

1　 8 58

> 関連年代　1856〜60年…第2次アヘン戦争。

内容 オランダ国王がアヘン戦争の情報を伝え、開国の必要性を12代将軍徳川家慶に説いたが、幕府は拒絶した。2年後にはアメリカ使節のビッドルが浦賀に来航し、通商を要求した。

背景 このころアメリカは中国貿易と捕鯨のための寄港地として日本の開国を求めていた。

▲アヘン戦争

内容 アメリカのフィルモア大統領の国書を持参して、ペリーが浦賀に来航し、開国を要求した。老中首座阿部正弘ら幕府は翌年の回答を約束して帰らせた。

参考 同年、長崎にロシアのプチャーチンも来航し、開国を要求した。

▲ペリーの横浜上陸（1854年）

内容 ペリーが再び来航し、幕府は和親条約を結んだ。下田・箱館の開港や薪水・食料を与えること、一方的な最恵国待遇などを承認した。

参考 イギリス・ロシア・オランダとも同内容の条約を結んだ。阿部正弘は安政の改革に着手し、海軍伝習所・講武所・蕃書調所などを設立した。

🔍 **もっとくわしく**

日露和親条約では、下田・箱館に加えて長崎の3港を開き、択捉島以南を日本領、得撫島以北をロシア領とし、樺太は両国人雑居の地と決めた。

経過 初代アメリカ総領事ハリスは第2次アヘン戦争を取り上げ、老中首座堀田正睦に通商条約の締結を迫った。

内容 大老井伊直弼は無勅許で通商条約に調印した。領事裁判権（治外法権）の承認、関税自主権の欠如など、日本に不利な不平等条約であった。

❗ **関連事項**

条約では、神奈川（横浜）・長崎・箱館・新潟・兵庫（神戸）の開港が定められた。幕府は、オランダ・ロシア・イギリス・フランスともほぼ同様の条約を結んだ（安政の五カ国条約）。

205　★ 1860 年　桜田門外の変

桜田門　人は群れ来て　井伊襲う
　　　　　1　8　6　0

関連人物　和宮…孝明天皇の妹で将軍徳川家茂の正室。

206　★ 1863 年　薩英戦争

薩英の　人は無惨な　戦争し
　　　　1　8　6　3

関連年代　1862年…生麦事件。

207　1864 年　禁門の変（蛤御門の変）

長州の　一派無視され　禁門の変
　　　　1　8　6　4

関連人物　三条実美…八月十八日の政変で失脚、長州へ逃れた。

208　★ 1864 年　四国艦隊下関砲撃事件

艦隊の　人は論より　砲撃だ
四国艦隊　1　8　6　4

関連人物　オールコック…下関砲撃を主導したイギリス公使。

背景 **井伊直弼**は反対派の公家・大名や**吉田松陰・橋本左内**らを処罰した（**安政の大獄**）。

結果 これに怒った水戸浪士らが江戸城桜田門外で直弼を暗殺。事件後、老中安藤信正は和宮降嫁など**公武合体**の政策を推進したが、1862年に尊攘派に襲撃され失脚した（坂下門外の変）。

▲桜田門外の変

背景 前年の**生麦事件**で薩摩藩の**島津久光**一行がイギリス人を殺傷した。その報復として、イギリスが鹿児島を砲撃した。

結果 薩英双方に死傷者を出し、**西郷隆盛・大久保利通**らは攘夷の不可能を知り倒幕に方針転換した。イギリスも薩摩の実力を知り接近した。

! **関連事項**

坂下門外の変後、島津久光が勅使大原重徳を奉じて江戸に入り、文久の改革を行った。徳川慶喜を**将軍後見職**、松平慶永を**政事総裁職**、松平容保を**京都守護職**に任命した。

背景 前年の**八月十八日の政変**で京都から追放された**長州藩**が、池田屋事件を契機に勢力回復のため上洛した。

結果 長州藩は御所を守る会津・桑名・薩摩藩と戦い、敗北した。幕府は直ちに**長州征討**（第1次）に向かい、長州藩は戦わずして屈服した。

🔍 **もっとくわしく**

会津藩は京都守護職として、新選組を利用して尊王攘夷派を取り締まった。1864年の池田屋事件では新選組が長州藩士ら尊攘派を殺傷した。

背景 前年に幕府は諸藩に攘夷の決行を命じ、長州藩が**下関**で外国船を砲撃した。

結果 これに対する報復を英仏米蘭が実行した。長州征討（第1次）に屈服し、保守派が藩を支配したが、やがて攘夷の不可能を悟った**高杉晋作**は、**奇兵隊**を組織して藩の主導権を握った。

▲占領された下関の砲台

209 ★1866年　薩長連合（同盟）

薩長の　党派無理なく　連合し
1　8　6　6

関連人物　孝明天皇…倒幕運動には反対していた。

210 ★★1867年　大政奉還

慶喜は　一人やむなく　大政奉還
1　8　6　7

関連人物　後藤象二郎…大政奉還を山内豊信に提案した。

211 ★1867年　王政復古の大号令

王政で　人は禄※なしに　なるのかな？
1　8　6　7

※禄＝宮に仕える者に与えられる手当。

関連人物　有栖川宮熾仁親王…三職のうちの総裁に就任した。

212 ★★1868年　五箇条の誓文

五箇条を　一夜むやみに　つくり出す
1　8　6　8

関連年代　1868年…戊辰戦争がおこる。

内容 土佐藩出身の**坂本龍馬**・**中岡慎太郎**の仲介で薩摩藩の**西郷隆盛**と長州藩の桂小五郎(のち**木戸孝允**)が会談し、倒幕勢力を形成した。

結果 前年に幕府が命じた**長州征討**(第2次)は幕府軍に不利となり、将軍家茂の死を機に撤兵。まもなく公武合体派の孝明天皇が急死した。

▲坂本龍馬

内容 15代将軍徳川慶喜はフランス公使**ロッシュ**の援助で改革を行ったが失敗し、土佐前藩主の山内豊信のすすめで**大政奉還の上表**を朝廷に提出した。

参考 この狙いは諸侯会議の議長として徳川氏の力を残すこと(**公議政体論**)にあった。

🔍 **もっとくわしく**

雄藩連合政権の実現に期待するイギリス公使**パークス**は薩長を援助し、新政府で有利な立場を得ようとした。

内容 大政奉還と同日に薩長は岩倉具視と結んで**討幕の密勅**を得ていた。倒幕派は**王政復古の大号令**を発し、天皇中心の政府の樹立を宣言した。

結果 将軍や摂政・関白は廃止され、新たに総裁・議定・参与の**三職**が創設された。260年余り続いた江戸幕府が終わりを迎えた。

❗ **関連事項**

王政復古の大号令が出された日の夜、新政府は**小御所会議**を開き、徳川慶喜に辞官(内大臣の辞退)と納地(領地の一部返上)を要求した。

内容 **鳥羽・伏見の戦い**で新政府軍が旧幕府軍を破ったのち、**公議世論**の尊重、**開国和親**などを内容とする政府の基本方針を、明治天皇が神々に誓約するという形式で発表した。

参考 由利公正が起草、福岡孝弟が修正、木戸孝允が最終文案を作成した。

❗ **関連事項**

民衆に対しては、儒教道徳を説き、徒党・強訴・逃散やキリスト教を禁止する**五榜の掲示**が出され、旧幕府の政策が引き継がれた。

213 **1868**年 政体書の制定

政体書 一つやろうや 三権制
　　　　1　8　6　8

関連人物 　福岡孝弟…副島種臣とともに政体書を起草をした。

214 ★**1869**年 版籍奉還

奉還に 人は報いて 知藩事だ
1　8　69

関連年代 　1869年…五稜郭の戦い（戊辰戦争終結）。

215 ★**1871**年 廃藩置県

今日からは 藩の人やない 県の人
　　　　　1　8　　7　1

関連年代 　1871年…戸籍法、「解放令」。

216 **1871**年 日清修好条規

日清の 修好嫌う 人はない
1　8　　7　1

関連人物 　伊達宗城…もと宇和島藩主で日清修好条規の全権。

内容 五箇条の誓文にもとづいて、政府組織の改編を発表した。副島種臣らが起草した。

結果 アメリカの憲法を参考に三権分立の形式をとり入れたが、実際は**太政官**に権力を集中させるものだった。高級官吏は4年ごとに互選で交代させることとした。

! 関連事項

この年の7月に江戸を東京と改め、9月には**明治**と改元し、天皇一代に年号1つの**一世一元の制**とした。翌1869年2月には東京を事実上の首都とした。

内容 大名が統治する諸藩は依然として残っていたため、木戸孝允・大久保利通らは薩長土肥の4藩主にすすめ、領地(版図)と領民(戸籍)を天皇に返上させ、多くの藩もこれにならった。

結果 旧大名を**知藩事**に任命して藩政にあたらせたため、中央集権化は不徹底であった。

! 関連事項

版籍奉還後、政府組織が二官(**神祇官・太政官**)六省制に変更された。祭政一致の建前から、神祇官は太政官の外に置かれた。

背景 版籍奉還後も各藩には徴税と軍事の両権利があり、旧大名は実質的に温存されていた。

結果 そこで薩長土3藩から御親兵を集めて軍事力を強化したうえで、藩を廃止・府県を設置し、**府知事・県令**を中央から派遣した。これによって中央集権的国家体制が確立した。

! 関連事項

政府組織も太政官三院制となり、薩長土肥の**藩閥政府**が確立した。正院は太政官の最高機関で、左院は立法の、右院は行政上の諮問機関。

内容 新政府は清・朝鮮との国交樹立をすすめ、清とは対等な**日清修好条規**を結んだ。両国は開港して、領事裁判権を相互承認した。

参考 しかしこの年、琉球の漂流漁民が台湾で殺される事件がおこり、琉球の帰属をめぐる日清の対立が続いた。

🔍 もっとくわしく

1874年、政府は台湾に軍隊を派遣し(**台湾出兵**)、清が謝罪して、琉球は日本領であるといったん認めた。その後、琉球帰属問題は実質的には日清戦争により解決した。

217 ★ **1872**年　学制の公布

学制で 人は何より 勉強だ
　　　　1　8　72

関連年代　1871年…文部省の設置。

218 ★ **1872**年　国立銀行条例の公布

銀行で 人は何かと 便利なり
　　　　1　8　72

関連人物　渋沢栄一…国立銀行条例の制定を建議。

219 ★ **1873**年　徴兵令の公布

徴兵で 人は為さんや 国のため
　　　　1　8　7　3

関連年代　1872年…徴兵告諭が出される。

220 ★ **1873**年　地租改正条例の公布

地租改正 嫌な3% 現金で
　　　　18　7　3

関連年代　1872年…田畑永代売買解禁。

内容 フランスの制度にならって全国に小学校を設立し、国民皆学教育を実現して、富国強兵・殖産興業に見合う国民の育成をめざした。

結果 高額授業料などに反発した一揆がおきた地域もあり、就学率ものびなかった。1879年にはアメリカの制度にならった**教育令**が公布された。

! **関連事項**

高等教育機関として、1877年に**東京大学**が設立された。**福沢諭吉**の慶応義塾や**新島襄**の**同志社**などの私学も創設された。

内容 政府は欧米と同様の**金本位制**の確立をめざし、民間出資の国立銀行をつくらせて、金貨と交換できる**兌換紙幣**を発行させようとした。

結果 しかし幕末以来の金流出で民間に金は乏しく、1876年に正貨兌換の義務を除いたため、最終的に153行が設立された。

! **関連事項**

1871年に**新貨条例**が公布され、**円・銭・厘**の十進法を採用した貨幣制度ができた。

内容 満20歳に達した男性に3年間の兵役を義務づけた。戸主やその跡継ぎ、代人料270円を納めた者などは兵役免除が認められ、実際には農村の二男以下に兵役が集中した。

結果 負担の増加をきらって、各地で多くの農民による一揆が発生した（**血税一揆**）。

🔍 **もっとくわしく**

徴兵制は、長州藩出身の**大村益次郎**が構想し、奇兵隊経験のある**山県有朋**が引き継いで実現した。

内容 主な変更点は、課税基準を収穫高から**地価**に、現物納を**金納**に（**地価の3％**）、納税者を**地券所有者**にしたことである。

結果 従来の年貢率と変わらぬ高額負担だったので、反対一揆が各地で発生し、1877年には地租の税率が2.5％に引き下げられた。

▲地　券

221 ★1873年 征韓論が退けられる

征韓派 人は涙で 下野決まる
1 8 73

関連年代 1874年…佐賀の乱。

222 ★★1874年 民撰議院設立の建白書

板垣が 嫌な世直そと 建白書
18 7 4

関連人物 大久保利通…1873年に初代内務卿に就任した。

223 1875年 漸次立憲政体樹立の詔

立憲へ 人はなごむよ 詔
1 8 7 5

関連人物 木戸孝允…1874年、台湾出兵に反対して下野していた。

224 ★1875年 樺太・千島交換条約

樺太は 嫌な誤算で ロシア領
18 7 5

関連年代 1876年…小笠原諸島の統治開始。

内容 西郷隆盛・江藤新平・板垣退助・後藤象二郎ら参議は武力で朝鮮の開国を主張したが、帰国した内治優先派の**岩倉具視・大久保利通**らの反対で退けられた（**明治六年の政変**）。

結果 下野した西郷らはのちに士族の反乱、板垣らは自由民権運動をおこすことになった。

🔍 **もっとくわしく**

江藤新平は初め自由民権運動に加わったが、佐賀の乱の首領となって、乱後処刑された。

内容 板垣退助・後藤象二郎らが**愛国公党**を結成し、議会の開設を要求する建白書を左院に提出した。これ以降、**自由民権運動**が高まった。

結果 板垣が土佐で**立志社**をつくるなど、地方政社が運動を展開した。翌年には全国的な連合組織として**愛国社**が大阪で結成された。

📖 **史 料**

民撰議院設立の建白書

臣等伏シテ方今政権ノ帰スル所ヲ察スルニ…而シテ独リ有司ニ帰ス。…天下ノ公議ヲ張ルハ民撰議院ヲ立ルニ在ルノミ。…
（『日新真事誌』）

内容 大久保利通が板垣退助・木戸孝允と会談し（**大阪会議**）、漸進的な国会開設方針を決めた。

結果 自由民権運動が全国的に高揚したため話し合い、政府は**元老院・大審院**・地方官会議を設置することを約束した。一方で、**讒謗律・新聞紙条例**を制定して言論を弾圧した。

▲大久保利通　▲板垣退助

◀木戸孝允

内容 駐露公使の**榎本武揚**が交渉し、**日露和親条約**で択捉島・得撫島間に定めていた国境を変更し、**千島全島**を**日本領**に、**樺太**を**ロシア領**とした。

参考 明治政府は**屯田兵制度**を設け、北海道の開拓と北辺防備にあたらせていた。

占守島

樺太

千島列島

択捉島　得撫島

国後島

札幌　　色丹島

歯舞群島

--- 1854年国境
--- 1875年国境

▲樺太・千島の交換

225 ★**1876**年　日朝修好条規

日朝に 嫌なムードの 条規かな
にっちょう　　いや　　　　　　　じょうき
18　7　6

関連年代　1875年…江華島事件。
　　　　　　　　（カンファド）

226 **1876**年　秩禄処分
　　　　　　　　ちつろく

禄ないと いい花婿に なれないよ
ろく　　　　　　はなむこ
秩禄処分　　　　1　87 6

関連年代　1873年…秩禄奉還の法公布。
　　　　　　　　　　　　ほうかん

227 ★★**1877**年　西南戦争
　　　　　　　　　　せいなん

西南で 嫌な内乱 最後です
せいなん　いや　ないらん　さいご
18　7　7　　西郷隆盛

関連人物　前原一誠…1876年に萩の乱をおこし処刑された。
　　　　　　まえばらいっせい

228 **1878**年　地方三新法の制定
　　　　　　　　　　　　さんしんぽう

三新法 人は悩んで 制定か
さんしんぽう　ひと　なや　　せいてい
1　8 78

関連年代　1888年…市制・町村制公布。1890年…府県制・郡制公布。

経過 江華島事件 を機に日本は強硬な姿勢で朝鮮に迫り、**日朝修好条規**(江華条約)を結んだ。

内容 **釜山(プサン)・仁川(インチョン)・元山(ウォンサン)の開港、領事裁判権**を承認させ、貿易では関税免除という朝鮮に不利な不平等条約であった。朝鮮を「自主の国」とし、清国の朝鮮における宗主権を否定した。

🔍 **もっとくわしく**

1875年、日本の軍艦雲揚が朝鮮の首都漢城に近い江華島付近で挑発を行い、朝鮮側砲台と交戦する**江華島事件**がおこった。

内容 政府は華族・士族に**秩禄**(家禄と賞典禄)を支給していたが、財政負担を軽減するため、**金禄公債証書**を交付して秩禄を全廃した。

結果 同年布告の **廃刀令** とあわせて士族の不満を高め、**敬神党(神風連)の乱、秋月の乱、萩の乱**といった士族の反乱が次々とおこった。

⚠️ **関連事項**

金禄公債証書を換金して商売を始める士族の多くは失敗し、「**士族の商法**」と言われた。

内容 鹿児島の私学校生を中心とする士族が**西郷隆盛**を首領として反乱をおこした。最大にして最後の士族の反乱となった。

結果 西郷は近代装備の政府軍に敗北し、自刃した。徴兵制による軍の実力が広く認知され、不平士族による反乱は終わった。

🔍 **もっとくわしく**

西郷軍は谷干城(のちに初代農商務大臣)が守備する熊本鎮台を攻略できず、敗走した。なお、翌1878年、政府を主導していた大久保利通が東京紀尾井坂で暗殺された。

内容 政府は地方統治制度を整備するため、**郡区町村編制法・府県会規則・地方税規則**の地方三新法を定めた。府県会を通してある程度の民意が反映される地方制度となった。

結果 **豪農**層が自由民権運動に加わり、府県会議員になったことで自由民権運動が再び高揚した。

⚠️ **関連事項**

西南戦争の影響で自由民権運動が停滞していたが、この年、**愛国社**再興大会が大阪で開かれた。

229 ☐ **1879**年　沖縄県の設置

沖縄の 人は泣くけど 県設置
　　　1　8　7　9

関連人物　謝花昇…沖縄の自由民権運動家。

230 ☐ ★**1880**年　国会期成同盟の結成

国会を 人はやれよと 同盟し
　　　1　8　8　0

関連年代　1880年…集会条例。1882年…集会条例改正。

231 ☐ ★★**1881**年　明治十四年の政変

大隈を 批判排除の 十四年
　　　1　8　81　　　明治十四年の政変

関連年代　1881年…国会開設の勅諭。

232 ☐ ★**1882**年　壬午軍乱(壬午事変)

朝鮮で 人はパニック 壬午の変
　　　1　8　8　2

関連人物　閔妃(ミンビ)…国王高宗の妃。　大院君(テウォングン)…高宗の実父。

内容 政府は1872年に**琉球藩**をおき、国王**尚泰**を藩王とした。1879年には、軍隊を送って武力を背景に琉球藩を廃止して**沖縄県**を設置し、尚泰は東京へ移された(**琉球処分**)。

参考 沖縄県では旧制度が温存されたため、近代化は遅れた。

Q もっとくわしく

沖縄県では旧慣温存策がとられ、地租改正などの実施は遅れ、衆議院議員選挙が実施されたのは1912年からであった。

内容 自由民権運動は豪農が中心となり、**愛国社**が**国会期成同盟**と改称され、国会開設請願の署名運動が展開された。

結果 政府はこの請願を受理せず、**集会条例**を制定して自由民権運動を弾圧した。その後、集会条例は1900年の治安警察法に継承された。

Q もっとくわしく

自由民権運動は士族民権→豪農民権→激化事件と進んだ。この間に中江兆民の『民約訳解』や植木枝盛の『民権自由論』などが刊行された。

内容 北海道開拓使官有物払い下げに政府批判が高まった。そこで伊藤博文らの政府は民権派に近かった参議の**大隈重信**を罷免し、**国会開設の勅諭**を出して世論の鎮静化を図った。

背景 大隈重信は国会の早期開設とイギリス流の議院内閣制の導入を主張していた。

! 関連事項

開拓使官有物を、開拓使長官の黒田清隆が同じ薩摩藩出身らに不当に安い価格で払い下げようとした、と報道されて問題になった。

背景 朝鮮では、近代化を進める開化派の**閔氏**一族が政権を握り、日本に接近した。

内容 閔氏一族に対し、保守派の**大院君**を支持する軍隊が漢城で反乱をおこし、日本公使館などを襲撃した。この事態に宗主国である清が介入し、反乱を鎮圧した。

Q もっとくわしく

壬午軍乱後、日朝間に済物浦条約が結ばれ、日本は公使館守備兵の駐留権などを獲得した。一方、清は朝鮮への宗主権の強化を図り、閔氏一族の政権は親日策から親清策に転じた。

---

233 ★ **1882**年　日本銀行の開業

日本銀行、開業です！

日銀の　人はは にかむ　開業で
　　　　　1　8　8　2

関連人物　大隈重信…積極財政を推進した大蔵卿。

---

234 ★ **1884**年　秩父事件

世直しだ!!

秩父では　人はやしたて　蜂起する
　　　　　　1　8　8　4

関連人物　河野広中…1882年の福島事件で検挙された自由党員。

---

235 ★ **1884**年　甲申事変

朝鮮　亡命します

甲申に　人は走った　独立党
甲申事変　1　8 84

関連人物　朴泳孝・金玉均…甲申事変に失敗し日本に亡命。
（パクヨンヒョ）（キムオッキュン）

---

236 ★★ **1885**年　内閣制度の創設

え～あの～はじめは～

異動して　はじめややこし　内閣制
伊藤博文　　1　8　8　5

内閣制度

関連年代　1884年…華族令(公・侯・伯・子・男の爵位)。

背景 1881年に大蔵卿となった**松方正義**は、緊縮財政・官営工場払い下げ・不換紙幣の整理などの**デフレ政策**を推進した（**松方財政**）。

内容 中央銀行として**日本銀行**を設立し、1885年から銀兌換の銀行券を発行、翌1886年には政府紙幣の銀兌換も始まった（**銀本位制**）。

> **!** **関連事項**
>
> 松方財政の結果、物価が安定し金利が低下すると、鉄道や紡績を中心に会社設立ブームがおこり（**企業勃興**）、産業革命の基盤が整えられた。

内容 松方財政は米と繭の価格を急落させ、農民の困窮を招いた。埼玉県秩父では困民党と称する農民が負債減免を求めて高利貸しや郡役所、警察などを襲撃したが、軍隊に鎮圧された。

結果 **福島事件**に始まる激化事件の結果、自由党が解党するなど自由民権運動は一時衰退。

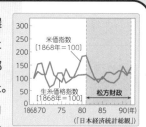

▲米・生糸価格の変動

内容 壬午軍乱後、閔妃政権は清に接近した。清仏戦争で清が敗北したことを契機に親日派の**金玉均**ら**独立党**がクーデタをおこしたが失敗した。

結果 日清両軍が出兵したが、翌年**天津条約**が結ばれ、朝鮮からの撤兵や今後出兵する場合の事前通知などが取り決められた。

> **!** **関連事項**
>
> 1885年、**大井憲太郎**・景山（福田）英子らは、独立党を支援しようとして、大阪で検挙された（**大阪事件**）。

内容 **太政官制**を廃止し、総理以下全大臣を天皇が任命して**内閣制度**が発足した。初代内閣総理大臣に**伊藤博文**が就任した。

参考 天皇制国家づくりを進めるため、貴族院の準備として**華族令**を定めた。また、**市制・町村制**などを制定し、地方自治制度を確立した。

▲伊藤博文

| 237 | ★ **1886** 年 | 学校令の公布 |

子どももつ 人はやろうよ 学校へ
1　8　8　6

関連年代　1872年…学制公布。1879年…教育令公布。1890年…教育勅語発布。

| 238 | ★ **1887** 年 | 保安条例の公布 |

保安でき 人は離れろ 都から
保安条例　　　1　8　87　　　　東京

関連人物　後藤象二郎…黒田内閣に入閣し、大同団結運動は分裂・崩壊。

| 239 | ★★ **1889** 年 | 大日本帝国憲法の発布 |

いち早く 帝国憲法 発布する
1　　88　9

関連人物　黒田清隆…大日本帝国憲法発布時の内閣総理大臣。

| 240 | ★★ **1890** 年 | 第1回帝国議会の開会 |

初回から 飛躍をめざす 議会かな
1　89　0　　　　　　　帝国議会

関連人物　山県有朋…利益線(朝鮮半島)の確保を強調した。

内容 文部大臣**森有礼**のもとで**学校令**が公布され、小学校・中学校・師範学校・帝国大学までの体系的な学校教育制度が確立された。

結果 1890年に尋常小学校3〜4年の義務教育が明確となった。1907年に義務教育は6年に延長され、小学校就学率は97％に達した。

🔍 **もっとくわしく**

1890年には**教育勅語**（「教育に関する勅語」）が発布され、忠君愛国が教育の目的であることが強調された。

背景 星亨が発起した**大同団結運動**や**三大事件建白運動**によって自由民権運動が再び高揚し、民権運動家が東京に集まった。

結果 そこで第1次伊藤博文内閣は**保安条例**を公布し、尾崎行雄・片岡健吉ら多くの民権運動家を東京から追放した。

🔍 **もっとくわしく**

三大事件とは、地租の軽減、言論・集会の自由、外交失策の回復（対等条約の締結）の3つの要求をさす。

経過 君主権の強い**ドイツ流**の憲法を学んだ伊藤博文を中心に井上毅・伊東巳代治・金子堅太郎らが、ロエスレルの助言を得て草案を作成した。

内容 天皇は神聖不可侵で統治権の総攬者であり、宣戦・講和や条約の締結、**緊急勅令**の制定、陸海軍の**統帥権**など、強大な**天皇大権**をもった。

和田英作筆「憲法発布式」聖徳記念絵画館蔵
▲憲法発布の式典

経過 第1回衆議院議員総選挙が行われ、**民党**（民権派）が議席の過半数を制した。

内容 **衆議院**と**貴族院**の二院制で、衆議院は納税資格による制限選挙で選んだ議員、貴族院は華族・勅選議員などからなる。予算問題で民党は**政費節減・民力休養**を要求した。

公布年	有権者の資格	
	直接国税	年齢・性別
1889	15円以上納入	満25歳以上の男性
1900	10円以上 〃	〃
1919	3円以上 〃	〃
1925	制限なし	〃
1945	〃	満20歳以上の男女
2015	〃	満18歳以上の男女

▲日本の選挙資格の変遷

241 ★★ **1894**年　日清戦争（〜95）

日清の **人は苦しむ** 戦争で
　　　　　１　８　９　４

関連人物　李鴻章（リーホンチャン）…下関条約を締結した清の全権。

---

242 ★★ **1895**年　三国干渉

干渉で **先約ご破算** 領土なし
　　　　１　８９　５　　　　　　遼東半島

関連人物　徳富蘇峰…三国干渉後、国家主義に転向した。

---

243 ★ **1897**年　金本位制の確立

賠償で **一躍何とか** 金本位
　　　　１　８９　７

関連年代　1901年…八幡製鉄所が操業開始。

---

244 ★ **1900**年　治安警察法の制定

警察法 **重苦大きな** 活動家
　　　　１　９　00

関連年代　1911年…工場法公布（1916年施行）。

経過 甲午農民戦争(東学の乱)を機に日清両国が朝鮮に出兵した。両国は朝鮮の内政改革を巡って対立し、日本が清に宣戦布告して開戦した。

結果 日本が勝利し、**下関条約**が締結された。朝鮮の独立、遼東半島・台湾などの割譲、2億両の賠償金、重慶など4港の開港が決められた。

！ 関連事項

1894年、日清戦争直前に陸奥宗光外相が領事裁判権の撤廃、関税率の引き上げに成功し、日英通商航海条約を締結。駐英公使青木周蔵がロンドンで調印した。

内容 東アジア進出をめざす**ロシア**は、フランス・ドイツを誘って、遼東半島を清に返還するよう日本に求めた。

結果 日本は勧告を受け入れたが、「**臥薪嘗胆**」をスローガンに対露軍備拡張を進めた。また、列強は清に勢力範囲を設定した(中国分割)。

▲遼東半島の位置

内容 日清戦争の賠償金をもとに第2次松方正義内閣は**貨幣法**を制定し、欧米諸国にならった**金本位制**を採用した。金本位制によって、貨幣価値の安定や貿易の発展を図った。

参考 賠償金は軍備拡張費として使われたほか、官営**八幡製鉄所**の設立にも使われた。

！ 関連事項

第一次世界大戦中に、金の国外流出を危惧した欧米諸国は金輸出を禁止し、1917年に日本も金本位制から離脱した。

背景 日清戦争の前後に**軽工業**、日露戦争後に**重工業**で産業革命が進んだ。資本主義の成立に伴い労働運動が活発になり、1897年には**高野房太郎・片山潜**らが**労働組合期成会**を結成した。

内容 女性の結社・集会参加を禁じるなど、従来の弾圧法令を集大成した(第2次**山県有朋内閣**)。

！ 関連事項

この年伊藤博文は**立憲政友会**を結成し、イギリス流の議会政治をめざした。伊藤は第4次内閣を組織したが、貴族院の反対で退陣し、桂太郎と西園寺公望が交互に組閣する桂園時代となった。

245 ★★ 1902年　第1次日英同盟協約

日英で 日暮れに結んだ 同盟さ
　　　1　9　0　2

関連人物　桂太郎・山県有朋・小村寿太郎…日英同盟論を主張。

246 ★ 1905年　ポーツマス条約

民衆が ひどく怒った ポーツマス
　　　1　9　05

関連人物　ウィッテ…小村寿太郎と交渉したロシア全権。

247 1906年　南満洲鉄道株式会社(満鉄)の設立

満鉄で 行くわ無人の 満洲を
　　　1　9　0　6

関連人物　後藤新平…初代満鉄総裁に就任。

248 ★★ 1910年　韓国併合条約

併合で ひどく非礼な 総督府
　　　1　9　1　0

関連年代　1905年…日英同盟改定(日本の韓国指導権を承認)。

経過 政府内には伊藤博文らの**日露協商論**も
あったが、桂太郎内閣は日英同盟協約を結んだ。
内容 南下政策を推進するロシアを対象とし
た。日本が1国と開戦した場合、イギリスは
厳正中立を守る、2国以上だと共同して戦う
ことなどが定められた。

▲日英同盟の風刺画

経過 日露双方に戦争継続力がなくなり、
アメリカのセオドア=ローズヴェルト大
統領の仲介によりポーツマスで講和した。
結果 旅順・大連の租借権や南樺太などを
獲得したが、賠償金がなかったことに怒っ
た国民は**日比谷焼打ち事件**をおこした。

▲日露戦争関係図

経過 旅順に**関東都督府**が置かれ、半官半民の
南満洲鉄道株式会社(満鉄)が満洲経営を進めた。
結果 満鉄は大連に設立され、ポーツマス条約
で獲得した長春以南の旧東清鉄道の経営だけで
なく、沿線にある炭鉱(撫順)や製鉄所(鞍山)な
ども経営する大会社に成長した。

> [!] **関連事項**
>
> アメリカの鉄道企業家ハリ
> マンによる満鉄共同経営計
> 画に続いて、アメリカ政府
> は満鉄の中立化を提唱した
> が、日本はいずれも拒否し
> た。

経過 日露戦争後、第2次日韓協約で外交権を接
収、第3次日韓協約で内政権を掌握した日本は、
伊藤博文が暗殺されたのち、韓国を併合した。
結果 漢城を京城と改称して**朝鮮総督府**を置き、
軍隊を背景に統治した。また、**東洋拓殖会社**が
農地を大量に保有して植民地的経営を行った。

> [!] **関連事項**
>
> 初代朝鮮総督には寺内正毅
> 陸相が任命された。また、
> この年**大逆事件**がおこり、
> 翌年、**幸徳秋水**らが処刑さ
> れて、社会主義は「冬の時
> 代」を迎えた。

明治～大正時代

249 ★ 1911 年　関税自主権の回復

いいわあ

関税の　自主権回復　ひどくいい
かんぜい　　じ しゅけんかいふく
　　　　　　　　　　　　1　9　1　1

関連年代　1911年…日米新通商航海条約に調印。
つうしょうこうかい

250 1913 年　大正政変（第1次護憲運動）
ごけん

政変で　桂退場　退く意味は？
せいへん　　かつら たいじょう　ひ　　い み
　　　　　　大正政変　　1　9　1　3

関連人物　上原勇作…単独辞任した陸相で、西園寺内閣は瓦解。
うえはらゆうさく　　　　　　　　　　　　　さいおん じ　　　　が かい

251 ★ 1915 年　中国に二十一カ条の要求
ちゅうごく

中国に　ひどく遺恨の　二十一
ちゅうごく　　　　　い こん　　　に じゅういち
　　　　　　1　9　1　5

関連年代　1915年5月9日…袁世凱政府は国恥記念日とした。
えんせいがい　　　　こく ち
（ユアンシーカイ）

252 ★ 1918 年　米騒動
こめそうどう

買い占めで　遠く富山に　米騒動
か　し　　　　とお　と やま　　こめそうどう
　　　　　　　1　9　1　8

関連人物　寺内正毅…段祺瑞に西原借款を行った。
てらうちまさたけ　だん き ずい　にしはらしゃっかん
（ドゥアンチールイ）

内容 第2次桂太郎内閣の**小村寿太郎**外相が日米新通商航海条約に調印し、**関税自主権**の回復に成功した。開国以来およそ半世紀を経て条約改正を達成した。

背景 この背景には、日露戦争の勝利によって日本の国際的な地位が向上したことがある。

 関連事項

この年、平塚らいてう(明)らが雑誌『青鞜』を創刊し、女性の地位向上を訴えた。「元始、女性は実に太陽であった。真正の人であった。今、女性は月である。…」

内容 陸軍2個師団増設問題で**西園寺公望**内閣が倒れ第3次桂太郎内閣が成立したが、**第1次護憲運動**が高揚し、内閣は短期間で退陣した。

背景 立憲政友会の**尾崎行雄**、立憲国民党の**犬養毅**に都市の知識人らが加わって「**閥族打破・憲政擁護**」を掲げて運動をリードした。

◇ **史料**

尾崎の演説

彼らは…常に玉座の蔭に隠れて政敵を狙撃するが如き挙動を執っておるのである。…

(『帝国議会衆議院議事速記録』)

経過 日本は日英同盟を理由に**第一次世界大戦**に参戦した。第2次**大隈重信**内閣が袁世凱政府に要求を突きつけ、大部分を認めさせた。

内容 **山東省**のドイツ権益の継承、旅順・大連・満鉄の租借延長、漢冶萍公司の日中共同経営など、中国における権益の拡大を要求した。

 関連事項

海軍の汚職事件(**シーメンス事件**)で第1次山本権兵衛内閣が退陣し、第2次大隈重信内閣(外相加藤高明)が発足。第一次世界大戦が勃発すると、元老の井上馨はこれを「天祐」ととらえた。

背景 ロシア革命に干渉するための**シベリア出兵**は、米の買い占めによる米価の高騰を招いた。

結果 富山県の主婦から始まった**米騒動**は、寺内正毅の超然内閣に対する反発も加わり全国化した。この結果、立憲政友会総裁の原敬(平民宰相)を首班とする本格的な政党内閣が誕生した。

🔍 **もっとくわしく**

1898年、憲政党の大隈重信内閣が初の政党内閣として成立したが、尾崎行雄文相の共和演説事件でわずか数カ月で倒れた。

253 1919年　三・一独立運動、五・四運動
（サミル）

日本は出ていけ！

朝・中は 三一・五四と 行く行くぞ
朝鮮・中国　　　　　　　　　　　　　1　9　1　9

関連人物　西園寺公望…ヴェルサイユ条約の日本全権。

254 1920年　新婦人協会の発足

女性にも政治活動を認めよ！

新婦人 らいてうめざす いい国を
平塚らいてう　　　　　　　　　　1　92　0

関連年代　1921年…山川菊栄・伊藤野枝らが赤瀾会を結成。

255 ★ 1921年　ワシントン会議に参加（〜22）

テン
カン
トン

戦艦は いくついるのか ワシントン
1　9　2　1

関連人物　加藤友三郎…ワシントン会議に首席全権として派遣された。

256 ★★ 1924年　第2次護憲運動がおこる

超然内閣を倒せ！！

清浦に ひどく不信の 2次護憲
1　9　2　4

関連人物　高橋是清…立憲政友会総裁。犬養毅…革新倶楽部党首。

内容 3月1日朝鮮で独立運動がおき全土に広がった。朝鮮総督府は軍隊を動員して弾圧する一方、武断政治から文化政治への転換を掲げた。

背景 5月4日に中国でおこった反日運動は、日本の二十一カ条の要求で結ばれた取り決めの撤回をパリの講和会議で拒否されたからである。

| ! | 関連事項 |

パリで第一次世界大戦の講和会議が開かれ、**ヴェルサイユ条約**が調印された。日本は山東省の旧ドイツ権益の継承が認められ、赤道以北の旧ドイツ領南洋諸島の**委任統治権**を得た。

内容 1911年、**平塚らいてう(明)**らは文学者団体の**青鞜社**を設立。のち**市川房枝**らと**新婦人協会**を設立し、1922年には**治安警察法**第5条を改正させて、女性の政治運動参加を認めさせた。

参考 **大正デモクラシー**が高揚した年で、第1回メーデーが行われ、翌年**日本労働総同盟**発足。

| ! | 関連事項 |

吉野作造の**民本主義**や**美濃部達吉**の**天皇機関説**が大正デモクラシーの中心理論となった。

内容 アメリカ大統領ハーディングの提唱で開始された。日本は太平洋域に関する**四カ国条約**、中国に関する**九カ国条約**、主力艦保有量を制限する**ワシントン海軍軍備制限条約**に調印した。

結果 日本はこの後、平和と国際協調に協力する協調外交(**幣原喜重郎**が推進)路線をとった。

🔍 **もっとくわしく**

この会議の結果、日英同盟や石井・ランシング協定が廃棄され、山東省の旧ドイツ権益を中国に返還することになった。

内容 貴族院を基盤とする**清浦奎吾**の超然内閣に対し、**憲政会・立憲政友会・革新倶楽部**の3党が普選断行などを掲げ、倒閣運動をおこした。

結果 **加藤高明**を首相に**護憲三派内閣**が成立。以降、犬養毅内閣まで衆議院で多数の議席を占める政党が政権を担う「**憲政の常道**」が継続した。

| ! | 関連事項 |

1923年に**関東大震災**が発生し、同年末の虎の門事件で第2次山本権兵衛内閣が退陣した後、枢密院議長であった清浦奎吾が首相に任命された。

大正〜昭和時代

257 ★ **1925**年 治安維持法の制定

監獄じゃ 人急に混む 維持法で
　　　　　1　9　2　5

関連年代 1928年…第1回普通選挙実施（田中義一内閣）。

258 ★ **1927**年 金融恐慌がおこる

恐慌で 得になる金 もらいたい
　　　　19　2　7　　モラトリアム

関連人物 片岡直温…東京渡辺銀行について失言した蔵相。

259 ★ **1930**年 金輸出解禁（金解禁）

金輸出 浜口首相が 解く騒ぎ
　　　　　　　　　1　9　30

関連年代 1897年…金本位制確立。1917年…金輸出禁止。1931年…金輸出再禁止。

260 ★ **1931**年 満洲事変

満洲で 戦一気に 関東軍
　　　　193　1

関連年代 1932年…五・一五事件。

背景 護憲三派内閣は、日ソ基本条約によるソ連との国交樹立や普通選挙法（満25歳以上の男性に選挙権）の成立により、共産主義思想や労働者の影響力が拡大することを恐れた。

内容 国体（天皇制）の変革、私有財産制（資本主義）の否定を目的とする結社を禁じた。

もっとくわしく

治安維持法は、普通選挙実施の1928年、勅令により最高刑を死刑に改正された。1941年の改正で予防拘禁制が導入された。

内容 第一次世界大戦後の恐慌、関東大震災による恐慌で銀行の経営が悪化し、この年大蔵大臣の失言から**取付け騒ぎ**がおこった。

結果 若槻礼次郎内閣は総辞職し、**田中義一内閣**が**モラトリアム**（支払猶予令）を発して恐慌を鎮めた。預金は大銀行に集中するようになった。

もっとくわしく

若槻礼次郎内閣は、経営破綻した総合商社の鈴木商店に巨額の貸し付けを行っていた台湾銀行を救済しようとしたが、緊急勅令案を枢密院に否決されたため、総辞職した。

内容 浜口雄幸内閣は蔵相に**井上準之助**を起用し、為替相場を安定させて貿易の拡大を図るために**金輸出解禁**を実施した（金本位制への復帰）。

結果 前年にアメリカで始まった株価暴落が**世界恐慌**に発展し、緊縮財政策とあいまって日本経済は深刻な不況に陥った（**昭和恐慌**）。

もっとくわしく

1931年、犬養毅内閣の高橋是清蔵相は**金輸出再禁止**を行い、円の兌換を停止した。日本は**管理通貨制度**に移行し、円安を利用して輸出を大きくのばしていった。

内容 関東軍が奉天郊外の柳条湖で南満洲鉄道の線路を爆破（柳条湖事件）して始まった。

結果 関東軍は満洲の主要部を占領した。満洲国承認を渋る犬養毅首相が暗殺され（**五・一五事件**）、政党政治は崩壊した。代わった斎藤実内閣が**日満議定書**に調印し、満洲国を承認した。

▲犬養毅

261 ★ 1933年　国際連盟脱退の通告

連盟を 引く身惨めな 松岡さん
　　　　　1　9　3　3

関連人物　松岡洋右…1940年に第2次近衛文麿内閣の外相。

262 1935年　天皇機関説事件がおこる

機関説 ひどく見事に 美濃部説く
　　　　　1　9　3　5

関連人物　津田左右吉…『神代史の研究』などが発禁処分に。

263 ★ 1936年　二・二六事件

二・二六 ひどく寒い日 クーデタだ
　　　　　1　9　36

関連人物　永田鉄山…1935年に相沢三郎に暗殺された統制派。

264 ★ 1937年　盧溝橋事件

盧溝橋 戦長びく 端緒なり
　　　　　1937

関連年代　1936年…西安事件。1937年…抗日民族統一戦線を結成。

経過 中国の訴えで国際連盟は**リットン調査団**を派遣し、満洲事変の調査にあたらせた。

内容 リットン報告書にもとづき、国際連盟総会は日本軍の満洲からの撤兵などの勧告案を採択した。**松岡洋右**ら日本代表は総会から退場、翌月に脱退を通告した（1935年発効）。

▲リットン調査団

内容 天皇は国家の最高機関として統治する、という**美濃部達吉**の憲法学説が貴族院で問題視され、著書の発行禁止となった。

結果 **岡田啓介**内閣は**国体明徴声明**を発表し、天皇機関説を否定した。これ以降、自由主義者も弾圧される時代となった。

！ 関連事項

1933年、京都帝国大学教授の滝川幸辰が自由主義的刑法学説を唱えていたため、休職処分となった（**滝川事件**）。当時の文部大臣鳩山一郎は戦後、公職追放となった。

背景 陸軍内で**統制派**と**皇道派**が対立していた。

内容 皇道派の将校らが兵を率いてクーデタをおこし**高橋是清**蔵相・斎藤実内大臣・渡辺錠太郎教育総監らを殺害したが、結局反乱軍として鎮圧された。この後に成立した**広田弘毅内閣**では軍部大臣現役武官制が復活した。

！ 関連事項

この年、広田弘毅内閣は**日独防共協定**を成立させた。翌年、イタリアが加わり（**日独伊三国防共協定**）、枢軸陣営が成立した。1940年には**日独伊三国同盟**が締結された。

内容 北京郊外の盧溝橋付近で日中両軍が衝突し（**盧溝橋事件**）、日中戦争へと拡大した。

結果 中国では西安事件以降、第2次国共合作が成立した。日本軍は上海・南京を占領。翌年、近衛文麿首相は「国民政府を対手とせず」の声明を発表し、国民政府との和平の道を閉ざした。

🔍 もっとくわしく

続いて第2次（東亜新秩序声明）、第3次（近衛三原則声明）の近衛声明が発表された。これを受けて汪兆銘は重慶を脱出して、1940年に南京に新国民政府を樹立した。

265 ★**1938**年　国家総動員法の制定

国民を　戦やるとき　総動員
1938

関連年代〉 1939年…第二次世界大戦がおこる。

266 ★**1940**年　大政翼賛会の結成

翼賛会　ひどくしれつな　統制へ
1 9 4 0

関連年代〉 1940年…近衛文麿の新体制運動、大日本産業報国会結成。

267 ★**1941**年　太平洋戦争（～45）

太平洋　行くよー飛び　真珠湾
1 9 4 1

関連人物〉 野村吉三郎…ハル国務長官との日米交渉は決裂した。

268 ★**1945**年　ポツダム宣言の受諾

ポツダムは　日本に降伏　説く仕事
ポツダム宣言　　　　　　　　　1 9 4 5

関連年代〉 1941年…日ソ中立条約に調印。

内容 日中戦争が長期化したため、政府が議会の承認なしに労働力や物資を動員できるようにした。

結果 1939年、勅令で**国民徴用令**（軍需工場に動員）や**賃金統制令・価格等統制令**などが出され、国民生活は窮乏していった。企画院が戦争遂行のための物資動員を計画した。

▲「ぜいたく追放」の看板

内容 **近衛文麿**の**新体制運動**に、既存政党が次々と解党して参加し、首相を総裁とする**大政翼賛会**が結成された。部落会・町内会・**隣組**を下部組織とする官製の上意下達機関となった。

参考 **大日本産業報国会**が結成され、すべての労働組合が解散させられた。

! 関連事項

- 生活物資が不足し、国民は**切符制・配給制**で米や生活必需品を手に入れた。農家には米の**供出制**が強いられた。
- 1941年に小学校は国民学校と改称された。

内容 日本陸軍がイギリス領マレー半島に上陸、日本海軍がハワイの**真珠湾**を攻撃して始まった。

結果 南太平洋一帯を制圧したが、翌年の**ミッドウェー海戦**敗北後は劣勢に転じた。1944年のサイパン島陥落後、東条英機内閣は総辞職した。同年後半以降、**本土空襲**が激化した。

! 関連事項

1943年には文系学生の**学徒出陣**が開始され、中等学校以上の生徒や女性は軍需工場などに配属された（**勤労動員**）。1944年からは国民学校児童の集団疎開（**学童疎開**）が行われた。

経過 ドイツが降伏すると、連合国はポツダム会談を開き、日本に無条件降伏を求めた。

内容 **広島・長崎**に原子爆弾投下、その間にソ連の対日参戦があり、8月14日に**ポツダム宣言受諾**。翌日、天皇がラジオで戦争終結を告げた。9月2日、ミズーリ号上で降伏文書に調印した。

! 関連事項

1945年2月、米（フランクリン=ローズヴェルト）、英（チャーチル）、ソ（スターリン）は**ヤルタ会談**の秘密協定で、ソ連の対日参戦やソ連への南樺太の返還および千島の譲渡などを決定。

153

☑①1846年に浦賀に来航したアメリカ人使節はだれか？	① ビッドル
☑②1854年の日米和親条約で開港した2港はどこか？	② 下田・箱館
☑③1860年の桜田門外の変で暗殺された大老はだれか？	③ 井伊直弼
☑④1867年に大政奉還を上表した15代将軍はだれか？	④ 徳川慶喜
☑⑤1869年の版籍奉還で旧藩主が任命された地方長官を何というか？	⑤ 知藩事
☑⑥1871年の廃藩置県で中央から派遣された地方長官を何というか？	⑥ 府知事・県令
☑⑦1873年の地租改正で課税基準は何になったか？	⑦ 地価
☑⑧1874年に板垣退助らが土佐で設立した結社は何か？	⑧ 立志社
☑⑨日朝修好条規締結の契機となった前年の事件は何か？	⑨ 江華島事件（カンファド）
☑⑩1872年の琉球藩設置から79年の琉球藩廃止・沖縄県設置にいたる明治政府の一連の施策を何というか？	⑩ 琉球処分
☑⑪明治十四年の政変で罷免された参議はだれか？	⑪ 大隈重信
☑⑫1884年の甲申事変で独立党を主導したのはだれか？	⑫ 金玉均（キムオッキュン）
☑⑬1886年に学校令を公布した文部大臣はだれか？	⑬ 森有礼
☑⑭1887年に制定された民権派追放令は何か？	⑭ 保安条例
☑⑮1895年に締結された日清講和条約を何というか？	⑮ 下関条約
☑⑯1895年の三国干渉で清に返還されたのはどの地域か？	⑯ 遼東半島
☑⑰1905年のポーツマス条約で獲得した領土はどこか？	⑰ 南樺太
☑⑱1910年の韓国併合で初代朝鮮総督に就いたのはだれか？	⑱ 寺内正毅
☑⑲1911年に関税自主権を回復したときの外相はだれか？	⑲ 小村寿太郎
☑⑳ワシントン会議後、協調外交を推進したのはだれか？	⑳ 幣原喜重郎
☑㉑1924年の護憲三派内閣の首相となったのはだれか？	㉑ 加藤高明
☑㉒1930年に金輸出を解禁した蔵相はだれか？	㉒ 井上準之助
☑㉓1932年の五・一五事件で暗殺された首相はだれか？	㉓ 犬養毅
☑㉔1935年に岡田啓介内閣が発表した、天皇機関説を否定する声明は何か？	㉔ 国体明徴声明
☑㉕1945年8月に対日参戦した国はどこか？	㉕ ソ連

Chapter

05

現代

Introduction	156〜157
昭和時代	158〜169
昭和〜平成時代	170〜171
平成時代	172〜173
・章末チェック	174

教育基本法の公布
1947年 ▶p.158

テレビ放送の開始
1953年 ▶p.162

戦後、教育基本法が公布された

子どもたち、行くよ仲（なか）良く、学校へ（1947）

テレビ放送が始まり…

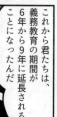

これから君たちは、義務教育の期間が6年から9年に延長されることになったんだ

へーえ

街頭テレビの前では、人々がひどく混み（1953）合う光景が見られた

楽しいね

すごい！

先生、一つお願いがあります！

ほう、どんなこと？

あそこにあるテレビの前だけ人が全然いないよ

でも、画面には何かが映っているようだけど…

ん？古い井戸の前に、髪の長い白い服の女の人がボーっと立っているね

見てはダメ！逃げろ！

延長ついでに、今年から夏休みの日数も1.5倍に延ばしてもらえませんかね〜？

この お調子者！

日本が国際連合に加盟

1956年 ▶p.164

ソ連との国交回復で、晴れて日本は国際社会に復帰することができた

いよいよ、日本の代表は国連に行くころ（1956）だ

鳩山一郎

ニューヨークの国連本部

各国の皆さん。本日より日本は国連に加盟します。世界平和の実現の第一歩として皆さんに…

平和の象徴ハトを贈ります。これは鳩山首相からのサプライズなプレゼントで…

議場内、生き物のもち込みはお断り！

バサ

消費税の導入

1989年 ▶p.170

1980年代後半、日本はバブル経済と呼ばれる好景気に沸き立っていた

一方、政府は商品やサービスに対して3%を課税する消費税の導入を決定した

今年から消費税が導入されるそうだ。ひどく厄（1989）難な話だなあ

へー、そうなんですか？

消費税がかからなくてすむ方法はないかなあ…

ひらめいた！僕にいいアイデアがあります

こんなに筋トレとして体力を消費しても、ほら、税金はかかりませんよ

消費しても体じゃなくて頭を鍛えろ！

269 ★ **1945**年 | 五大改革指令

GHQ 説くよ五大 改革を
　　　　1　9　4　5

関連年代〈 1945年…新選挙法（女性参政権）。

270 ★★ **1946**年 | 日本国憲法の公布

日本の 行く針路指す 新憲法
　　　　1　9　4　6

関連人物 松本烝治…憲法問題調査委員会の委員長。

271 ★ **1946**年 | 第2次農地改革

改革で ひどく喜ぶ 小作農
　　　　1　9 46

関連年代〈 1946年…自作農創設特別措置法。

272 ★ **1947**年 | 教育基本法の公布

基本法 行くよ仲良く 学校へ
　　　　1　9　4　7

関連年代〈 1947年…学校教育法の公布。

内容 **連合国(軍)最高司令官総司令部(GHQ/SCAP)のマッカーサー**が幣原喜重郎首相に、女性の解放、労働組合の助長、教育の民主化、秘密警察などの廃止、経済機構の民主化を指令。

結果 満20歳以上の成人男女による総選挙が実施され、**農地改革、財閥解体**などが行われた。

もっとくわしく

治安維持法・特別高等警察(特高)などが廃止された。1946年には戦後初の総選挙が実施され、39人の女性議員が誕生した。

経過 GHQ案の提示後、帝国議会の審議を経て第1次吉田茂内閣のもとで公布された。

内容 **主権在民・基本的人権の尊重・平和主義**を三大原則とし、天皇は日本国と日本国民統合の象徴となった(**象徴天皇制**)。翌1947年に新民法が公布され、戸主権が廃止された。

▲『あたらしい憲法のはなし』の挿絵

内容 第1次農地改革は不徹底だったが、**自作農創設特別措置法**にもとづき第2次農地改革が行われ、在村地主の小作地を1町歩(北海道は4町歩)に制限し、これをこえる部分と不在地主の全小作地を国が買い上げ、小作人に安く売り渡した。

結果 多くの自作農が生まれ、寄生地主制は解体。

! 関連事項

GHQは三井・三菱・住友・安田など15財閥の解体を指令した(**財閥解体**)。1947年には**独占禁止法**や**過度経済力集中排除法**により独占行為の禁止や巨大独占企業の分割が進められた。

内容 **教育基本法**が教育の機会均等や男女共学、義務教育9年制などを規定し、**学校教育法**が**六・三・三・四**の新学制を規定した。

参考 1948年に教育勅語が失効し、都道府県と市町村に**教育委員会**を設置。当初、教育委員は公選制だったが、1956年に任命制となった。

! 関連事項

GHQは軍国主義者や国家主義者を教職から追放し、教科書から不適切な記述を削除することを指示した。また、修身・日本歴史・地理の授業は一時禁止された。

273 ★ **1949**年 ドッジ=ライン

ドジ踏めぬ 特使繰り出す 経済安定
ドッジ　　　　　　　19 4 9

関連年代　1948年…GHQが経済安定九原則を指令。

274 ★ **1949**年 湯川秀樹がノーベル賞を受賞

湯川さん 幾夜苦慮して ノーベル賞
　　　　　19 4 9

関連人物　江崎玲於奈…ノーベル物理学賞。大江健三郎…ノーベル文学賞。

275 ★★ **1950**年 朝鮮戦争(～53)

朝鮮へ 行く号令で 境越え
　　　1 9 5 0

関連年代　1950年…警察予備隊の創設。

276 **1950**年 文化財保護法の制定

保護せよと 説くコレ大事な 文化財
　　　　　1 9 5 0

関連年代　1968年…文化庁の設置。

背景 日本を資本主義国として自立させようと、GHQが経済安定九原則を示した。

結果 **ドッジ**は均衡財政や1ドル＝360円の**単一為替レート**などを決定し、**シャウプ**は直接税中心主義や累進所得税制を勧告した。インフレは収束したが、不況が深刻化した。

> **！　関連事項**
>
> 第1次吉田茂内閣は**傾斜生産方式**を採用して、**復興金融金庫（復金）**からの融資によって石炭・鉄鋼などの基幹産業の発展に力を入れた。

内容 理論物理学者の**湯川秀樹**が、日本人で初めて**ノーベル物理学賞**を受賞した。

参考 その後、文学賞で川端康成（68年）、平和賞で佐藤栄作（74年）、化学賞で福井謙一（81年）、医学・生理学賞で利根川進（87年）など、2023年末現在、28人の日本人*が受賞している。
（*アメリカ国籍を取得した受賞者を含む。）

> **🔍　もっとくわしく**
>
> 川端康成は『伊豆の踊子』『雪国』などを著した。佐藤栄作は非核三原則（核兵器をもたず、つくらず、もち込ませず）を提唱した。

内容 北朝鮮が北緯38度線をこえて韓国に侵攻し開戦した。1953年に休戦協定が調印された。

結果 日本では共産主義者に対する**レッド＝パージ**や**警察予備隊**の創設、公職追放解除が行われた。**特需景気**が始まる一方で、**日本労働組合総評議会（総評）**が結成され、労働運動を主導した。

停戦ライン
平壌
北緯38°
板門店
ソウル
休戦協定
1953.7.27

▲休戦協定が調印された板門店（パンムンジョム）

内容 前年に法隆寺金堂が火災にあい、壁画が焼損したことを受け、伝統的価値のある文化財を保護するために**文化財保護法**が制定された。

結果 国宝や重要文化財の指定・管理などが定められた。また、1968年には文化財の保存や文化の振興のために**文化庁**が設置された。

> **！　関連事項**
>
> 天皇を中心とする歴史観（皇国史観）の制約がなくなって実証的な研究が可能となり、考古学では登呂遺跡や岩宿遺跡の発掘などで研究が進展した。

| 277 | ★ **1951** 年 | サンフランシスコ平和条約 |

吉田茂が調印

シスコまで 行く合意でき 平和なる
　　　　　　　1 9 5 1

関連年代〈 1952年…日米行政協定の締結。

| 278 | ★ **1953** 年 | テレビ放送の開始 |

放送開始 ひどく混み合う 街頭テレビ
　　　　　　1 9 5 3

関連年代〈 1925年…ラジオ放送の開始。

| 279 | ★ **1954** 年 | 自衛隊の発足 |

救援に 行く御用あり 自衛隊
　　　　1 9 5 4

関連年代〈 1950年…警察予備隊設置。1952年…保安隊に改組。

| 280 | ★ **1955** 年 | 神武景気が始まる |

神武景気

神武以来 行くゴーゴーと 好景気
　　　　　1 9 5　5

関連年代〈 1966年…いざなぎ景気が始まる。

内容 日本とアメリカなど48カ国の間で調印され、翌1952年に条約が発効し日本は主権を回復した。ソ連など東側諸国は調印せず、単独講和となった。日本の首席全権は吉田茂首相。

参考 同日に日米安全保障条約が調印され、米軍が引き続き日本に駐留することになった。

もっとくわしく

中国は講和会議に招かれず、インド・ビルマ（現ミャンマー）・ユーゴスラヴィアは不参加、ソ連・ポーランド・チェコスロヴァキアは調印を拒否し、「全面講和」は実現しなかった。

内容 NHKと民間テレビ局が正式放送を始めた。

結果 明治末に映画上映、大正末にラジオ放送が始まり、テレビも国民の娯楽に。当初は白黒放送、1960年からカラー放送開始。プロレス（力道山）・相撲（大鵬）・野球（長嶋茂雄）のほか、『鉄腕アトム』（手塚治虫）などのアニメが人気に。

関連事項

終戦後、歌謡曲では、並木路子の「リンゴの唄」が流行し、続いて美空ひばりが活躍した。映画では、黒澤明の「羅生門」などが国際的に高く評価された。

内容 MSA協定（日米相互防衛援助協定など）で日本は自衛力の増強が義務づけられ、防衛庁設置法・自衛隊法の二法成立で発足した。

結果 吉田茂内閣は、破壊活動防止法の制定（1952年）で団体の監視を強化し、自衛隊で再軍備を行ったことなどから「逆コース」といわれた。

もっとくわしく

警察予備隊から保安隊、陸海空の自衛隊へと規模を拡大した。また、1954年、新警察法により、自治体警察が廃止され、警察庁指揮下の都道府県警察からなる国家警察に一本化された。

内容 朝鮮戦争による特需景気に続く大型好景気となった。電気洗濯機・冷蔵庫・白黒テレビは「三種の神器」といわれ、家庭に普及し始めた。

結果 1956年度の『経済白書』に「もはや戦後ではない」と記載。1960年代後半からカー（自動車）、カラーテレビ、クーラーの3Cが普及した。

関連事項

1951年から1957年にかけて主要な経済指標が戦前の水準（1934〜36年の平均）をこえた。1956年には日本の造船量はイギリスを抜いて世界第1位となった。

281 1955年　広島で第1回原水爆禁止世界大会

広島で 原水禁止を 説く午後に
ひろしま　げんすいきんし　　と　　ごご
原爆・水爆　　　　1 9 5 5

関連年代　1954年…第五福竜丸事件。

282 ★★ 1956年　日本が国際連合に加盟

国連に 日本の代表 行くころだ
こくれん　にほん　だいひょう　い
　　　　　1 9 5 6

関連年代　1956年…日ソ共同宣言に調印。

283 1958年　岩戸景気が始まる

岩戸から 行く購買へ 好景気
いわと　　い こうばい　　こうけいき
　　　　1 9 5 8

関連年代　1955〜73年…高度経済成長。

284 ★★ 1960年　日米新安全保障条約

新安保 ひどく群れなる 国会前
しんあんぽ　　　む　　　こっかいまえ
　　1 9 6 0

関連人物　アイゼンハワー…来日が中止となったアメリカ大統領。

背景 前年、中部太平洋**ビキニ環礁**でのアメリカの水爆実験で**第五福竜丸**が被爆し、1名が死亡。これを契機に原水爆禁止運動が高揚した。

参考 1963年に米英ソ3国が部分的核実験禁止条約、1968年に62カ国が核兵器拡散防止条約に調印した。

！ **関連事項**

1967年に佐藤栄作首相が**非核三原則**(核兵器をもたず、つくらず、もち込ませず)を表明し、1971年に国会で決議された。

経過 日本社会党が再統一した後、自由民主党が結成され、**鳩山一郎**内閣は自主外交を唱えた。日ソ共同宣言の調印で日ソ間の国交が回復したことにより、日本の国際連合への加盟が実現した。

参考 ロシア(旧ソ連)との**北方領土**(**歯舞群島・色丹島・国後島・択捉島**)問題は現在に至るまで未解決。

▲北方領土

内容 **神武景気**のあと、この年から1961年にかけて**岩戸景気**と呼ばれる好景気となった。

結果 「寛容と忍耐」を唱えた**池田勇人**内閣の「**所得倍増**」の推進などによって高度経済成長が続き、オリンピック景気(1963〜64年)、**いざなぎ景気**(1966〜70年)を迎えた。

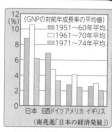

▲先進国の経済成長率の推移

内容 **岸信介**内閣が**日米相互協力及び安全保障条約**(新安保条約)に調印した。アメリカの日本防衛義務や、在日アメリカ軍が日本や「極東」で軍事行動を行う際の事前協議などが定められた。

参考 革新勢力や学生、一般市民が大規模なデモによる反対運動を行った(**60年安保闘争**)。

▲新安保条約に反対するデモ

285

1961年　農業基本法の制定

農基法 説く無一文からの 脱却を
　　　　　1　9　6　1

関連年代　1970年…減反政策の開始。

286

★**1964**年　日本がOECDに加盟

おいしいね 一苦労して 加盟する
OECD　　　1　9　6　4

関連年代　1952年…日本がIMFに加盟。

287

★**1964**年　東京オリンピックの開催

祝オリンピック

東京で 人組むしあわせ オリンピア
　　　　1　9　6　4

関連年代　1970年…日本万国博覧会(大阪万博)の開催。

288

★**1965**年　日韓基本条約

日韓の 人組むここに 条約で
　　　　1　9　6　5

韓国　日本

関連人物　佐藤栄作…7年8か月の長期政権を維持。

内容 農業の近代化や米中心の農業からの構造改善を図るために**農業基本法**が制定された。

結果 池田勇人内閣は、農業所得の安定をめざしたが、専業農家は減少し**兼業農家**が急増した。「三ちゃん農業(じいちゃん・ばあちゃん・かあちゃん)」という言葉も生まれた。

⚠ **関連事項**

農業機械や肥料の導入によって米の生産量は増えたが、食生活の洋風化で消費量は減ったため、1970年から**減反政策**が始まった。

参考 OECD(経済協力開発機構)は、経済成長や世界貿易の拡大などを目的とする国際機関。

結果 日本は1960年ごろから**貿易の自由化**を進め、1963年には**GATT11条国**、1964年には**IMF 8条国**へ移行し、OECD への加盟で**為替と資本の自由化**を実施した。

🔍 **もっとくわしく**

GATT(関税及び貿易に関する一般協定)11条国とは、国際収支を理由に輸入制限をすることができない国。IMF(国際通貨基金)8条国とは、為替の自由化が義務づけられている国。

内容 池田勇人内閣のときに、アジアで初めてのオリンピックが東京で開催された。

結果 高度経済成長の中、競技施設に加え、**東海道新幹線**(東京・新大阪間)や高速道路の開通などもあり、オリンピック景気と呼ばれる好景気となった。

⚠ **関連事項**

1970年には大阪で**日本万国博覧会(大阪万博)**が開催された。東京オリンピックとあわせて、日本の復興や経済成長を世界に示す国家的イベントとなった。

内容 佐藤栄作内閣と朴正熙政権(パクチョンヒ)との間で調印され、日本は韓国と国交を樹立した。

結果 この条約によって、韓国併合条約の無効が確認された。また、韓国政府を「朝鮮にある唯一の合法的な政府」として認めた。一方で、北朝鮮との対立が深まった。

🔍 **もっとくわしく**

基本条約とともに、漁業、請求権・経済協力、在日韓国人の法的地位、文化協力の4つの協定が結ばれた。韓国の対日賠償請求権は放棄され、日本は経済協力を行うことになった。

289 ★ **1967**年　公害対策基本法の制定

公害に　人苦労なり　基本法
1　9　6　7

関連年代　1993年…環境基本法の制定。

290 ★ **1968**年　GNPが資本主義国第2位となる

GNP　一苦労果たし　2位となる
1　9　6　8

関連年代　1966〜70年…いざなぎ景気。

291 ★★ **1972**年　沖縄の日本復帰

沖縄の　人苦難積み　復帰する
1　9　7　2

関連人物　屋良朝苗…1968年の公選選挙で琉球政府主席に当選。

292 ★ **1972**年　日中共同声明

日中の　ビッグなふたりが　声明出す
1　9　7　2

関連人物　田中角栄…「日本列島改造論」を掲げた。

背景 高度経済成長期に、水質汚濁や大気汚染などの公害が発生し、深刻な社会問題になった。

結果 公害に対する住民運動が高まり、**公害対策基本法**が制定され、1971年には**環境庁**（現在の環境省）が設置された。四大公害訴訟はいずれも被害者側が勝訴した。

▲四大公害病

新潟水俣病
イタイイタイ病
水俣病
四日市ぜんそく

内容 国民総生産（GNP）は財貨やサービスの総額から原材料費などの中間生産物の価格を差し引いた額で表す。この年、日本のGNPは資本主義諸国でアメリカに次ぐ規模となった。

参考 このころ家庭に、カー（自動車）・カラーテレビ・クーラーの3Cが急速に普及し始めた。

！ 関連事項

都市部では過密化が進んだ。**核家族**が増加し、住宅不足を解消するため、郊外に**ニュータウン**がつくられた。マスメディアの発達によって日本人の生活様式が画一化し、**中流意識**が生まれた。

経過 サンフランシスコ平和条約で沖縄はアメリカの施政権下に置かれた。前年に佐藤栄作内閣とニクソン政権との間で**沖縄返還協定**が調印され、1972年に日本復帰が実現した。

参考 日本に置かれているアメリカ軍専用施設（面積）の約70％が沖縄県に集中している。

！ 関連事項

アメリカの施政権下に置かれていた奄美群島は1953年（吉田茂内閣）に、小笠原諸島は1968年（佐藤内閣）に日本に返還された。

内容 米中の関係改善の動きを受け、**田中角栄**首相が訪中し、中国の周恩来首相と**日中共同声明**を発表して国交正常化を実現した。

結果 この声明により、日中間の「不正常な状態」が終結し、日本は中華人民共和国を「中国で唯一の合法政府」と認めた。

🔍 もっとくわしく

日中共同声明により台湾の中華民国政府との国交が断絶したが、実質的な経済関係は維持した。

昭
和
〜
平
成
時
代

---

293 ★**1973**年　円の変動相場制移行

変動へ 行く波受けた 相場制
　　　1　9 73

関連年代　1971年…ニクソン=ショック。

---

294 ★**1973**年　石油危機

中東の 遠く波受け 石油危機
　　　　1　9 73

関連年代　1974年…戦後初めて経済成長率がマイナスとなった。

---

295 ★**1978**年　日中平和友好条約

日中は 得なはずだよ さあ行こう
　　　19　7 8

関連年代　1972年…日中共同声明。

---

296 ★**1989**年　消費税の導入

3％で ひどく厄難 消費税
　　　1　9 89

関連人物　竹下登…1989年にリクルート事件で退陣した。

背景 アメリカはベトナム戦争などで国際収支も財政も悪化していた。ニクソン政権がドルと金の交換を停止した（ニクソン=ショック）ためドルの信用が下落し、1ドル＝308円となった。
結果 日本や西ヨーロッパ諸国は固定相場制をやめて変動相場制に移行した。

🔍 **もっとくわしく**

1971年、ニクソン大統領は中国訪問計画を発表した後、金・ドル交換停止を表明し、スミソニアン協定で1ドルは360円から308円へと切り上げられた。

背景 第4次中東戦争の際、アラブの石油産出国が石油輸出を制限し、原油価格を引き上げた。
結果 そのため石油関連製品が値上がりし、狂乱物価といわれるインフレを招いた。1975年に米・日・西独・英・仏・伊6カ国による先進国首脳会議（サミット）が開かれ、対策を協議した。

▲石油危機による品不足を心配しスーパーに殺到した人々

内容 ソ連を刺激する恐れのある「覇権条項」をめぐって日中間の交渉は難航したが、福田赳夫内閣のときに日中平和友好条約に調印した。
結果 覇権を求めず、他国による覇権確立の試みに反対すること、紛争の平和的解決などを規定。以降、日中の経済・文化における交流が進んだ。

▲日中平和友好条約の調印

背景 従来の所得税を中心とした税制の見直しや、少子高齢化社会への財源の確保などを目的として、竹下登内閣のもとで導入された。
内容 間接税の一つ。所得が低い人ほど税負担の割合が高くなる逆進性が問題。3％の税率は段階的に引き上げられ2019年に10％となった。

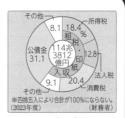
▲日本の歳入

297 1992年　国連平和維持活動（PKO）協力法の成立

大丈夫
ですか？

PKO 行く国助ける 自衛隊
　　　　1 9 92

関連年代　1991年…湾岸戦争。

298 1993年　非自民非共産連立内閣の成立

体制を ひどく組みかえ 連立へ
　　　　　1 9 9 3

関連人物　細川護熙…衆議院選挙に小選挙区比例代表並立制を導入。

299 2002年　日朝首脳会談

小泉純一郎　金正日

日曜日 辞令をつかむ 平壌で
日朝首脳会談　2 0 0 2　　日朝平壌宣言

関連年代　2004年…第2回日朝首脳会談。

300 2011年　東日本大震災

やさしさに ふれ人々も 復興へ
　　　　　2 0 1 1

関連年代　1995年…阪神・淡路大震災。

経過 **湾岸戦争**への人的貢献問題がおこったために、宮沢喜一内閣のもとで成立した。

結果 湾岸戦争終結後、日本はペルシア湾に海上自衛隊の掃海艇を派遣した。また、同法成立後、カンボジアをはじめとして、各地に**国連平和維持活動(PKO)**への自衛隊派遣が行われている。

もっとくわしく

湾岸戦争はイラクのクウェート侵攻を契機に始まった。海部俊樹内閣は多額の経済援助を行ったが、自衛隊を派遣しなかったため日本は国際的非難を浴びた。

内容 1955年以来続いた**自由民主党の政権(55年体制)**が終わり、日本新党の細川護熙を首相とする非自民非共産連立内閣が成立した。

参考 1995年の**阪神・淡路大震災**は、日本社会党の村山富市を首相とする自民党・社会党・新党さきがけ連立政権のときにおこった。

もっとくわしく

1955年に保守合同、左右社会党が合同して以来、自民党が過半数の議席を占めて、与党として政権を担当していた。

内容 2002年**小泉純一郎**首相が、日本の内閣総理大臣として初めて北朝鮮を訪問し、**金正日**(キムジョンイル)総書記と首脳会談を行った。

結果 北朝鮮は日本人拉致を認め、拉致被害者5人が帰国した。国交正常化に向け、核・ミサイル問題の解決を盛り込んだ**日朝平壌宣言**(ピョンヤン)を発表。

もっとくわしく

日本人拉致問題の全面解決には至っておらず、北朝鮮の核・ミサイル開発や数回にわたる核実験などもあり、国交正常化交渉は進んでいない。

内容 2011年、宮城県沖を震源とするマグニチュード9.0の巨大地震とそれに伴う津波によって、約2万人が犠牲となった。

結果 経済損失も甚大で、政府は復興庁を創設し復興特別税を導入した。復興や原発の事故処理のための努力は現在も続けられている。

もっとくわしく

地震により**福島第一原子力発電所**が爆発事故をおこし放射性物質が漏洩(ろうえい)したことで、避難生活・居住制限・電力不足・風評被害などが発生した。

☑① 1946年に第2次農地改革を実施するために制定された法律は何か？ | ① 自作農創設特別措置法

☑② 1949年に直接税中心主義を勧告したのはだれか？ | ② シャウプ

☑③ 1949年にノーベル物理学賞を受賞したのはだれか？ | ③ 湯川秀樹

☑④ 1950年に朝鮮戦争を契機に創設された組織は何か？ | ④ 警察予備隊

☑⑤ 1951年に日本は何カ国との間でサンフランシスコ平和条約に調印したか？ | ⑤ 48カ国

☑⑥ 1954年に自衛隊が発足したときの首相はだれか？ | ⑥ 吉田茂

☑⑦ 1955年から始まった好景気を何というか？ | ⑦ 神武景気

☑⑧ 1954年にビキニ環礁水爆実験で被爆した船は何か？ | ⑧ 第五福竜丸

☑⑨ 1956年に日本が加盟した国際機関は何か？ | ⑨ 国際連合

☑⑩ 1958年から始まった好景気を何というか？ | ⑩ 岩戸景気

☑⑪ 1960年の日米新安全保障条約に調印したのはだれか？ | ⑪ 岸信介

☑⑫ 1964年に日本が加盟した国際機関は何か？ | ⑫ OECD

☑⑬ 1964年に開通した高速鉄道は何か？ | ⑬ 東海道新幹線

☑⑭ 1965年に日本が国交を樹立した相手国はどこか？ | ⑭ 韓国

☑⑮ 1967年に制定された公害に関する法律は何か？ | ⑮ 公害対策基本法

☑⑯ 1968年に日本の国民総生産(GNP)は資本主義諸国で第何位になったか？ | ⑯ 第2位

☑⑰ 1972年に沖縄はどこの国から返還されたか？ | ⑰ アメリカ

☑⑱ 1972年に訪中し日中共同声明を発表したのはだれか？ | ⑱ 田中角栄

☑⑲ 1973年に移行した為替相場制を何というか？ | ⑲ 変動相場制

☑⑳ 1973年の石油危機を誘発した戦争を何というか？ | ⑳ 第4次中東戦争

☑㉑ 1978年の日中平和友好条約調印時の首相はだれか？ | ㉑ 福田赳夫

☑㉒ 1989年に消費税が導入された際の税率は何％か？ | ㉒ 3％

☑㉓ 1992年に国連平和維持活動(PKO)協力法が成立する契機となった、前年に勃発した戦争を何というか？ | ㉓ 湾岸戦争

☑㉔ 55年体制が崩壊し1993年に首相となったのはだれか？ | ㉔ 細川護熙

☑㉕ 2002年に北朝鮮を訪問した首相はだれか？ | ㉕ 小泉純一郎

Appendix

重要年代テーマ別整理　　176〜181

日本史年表　　182〜191

古代～近世初期の対外関係

内容	年代	事項名
☐① 奴国王に金印を授けた皇帝	57	光武帝
☐② 魏が卑弥呼に与えた称号	239	親魏倭王
☐③ 倭と高句麗の戦いを記した碑	391	広開土王(好太王)碑
☐④ 宋に遣使した倭の五王の最後	478	武
☐⑤ 日本に仏教を伝えた朝鮮半島の国	538	百済(ひゃくさい)
☐⑥ 加耶諸国を滅ぼした朝鮮半島の国	562	新羅(しらぎ(しんら))
☐⑦ 遣隋使として中国に渡った人物	607	小野妹子
☐⑧ 第1回遣唐使となった人物	630	犬上御田鍬ら
☐⑨ 唐・新羅軍に敗れた戦い	663	白村江の戦い(はくすきのえ)
☐⑩ 遣唐使の派遣中止を建議した人物	894	菅原道真
☐⑪ 女真人が九州を襲った事件	1019	刀伊の入寇
☐⑫ 元・高麗軍の来襲	1274	文永の役
☐⑬ 元・高麗・旧南宋軍の来襲	1281	弘安の役
☐⑭ 足利尊氏が元に派遣した貿易船	1342	天龍寺船
☐⑮ 足利義満が明と始めた貿易	1404	日明(勘合)貿易
☐⑯ 朝鮮が対馬を襲った事件	1419	応永の外寇
☐⑰ 勘合貿易を再開した将軍	1432	足利義教
☐⑱ 15世紀に蜂起したアイヌの大首長	1457	コシャマイン
☐⑲ 日朝貿易でおきた日本人の暴動	1510	三浦の乱
☐⑳ 勘合貿易の主導権をめぐる争い	1523	寧波の乱
☐㉑ 鉄砲が初めて伝来した島	1543	種子島
☐㉒ ザビエルが上陸した城下町	1549	鹿児島
☐㉓ 豊臣秀吉の第1回朝鮮出兵	1592	文禄の役
☐㉔ 徳川家康の輸入生糸統制制度	1604	糸割符制度
☐㉕ 対馬の宗氏が朝鮮と結んだ条約	1609	己酉約条

近世前期〜明治初期の対外関係

内容	年代	事項名
☑① 寛永十六年禁令で来航を禁じた国	**1639**	ポルトガル
☑② 松前藩と戦ったアイヌの首長	**1669**	シャクシャイン
☑③ 新井白石が長崎貿易を制限した規定	**1715**	海舶互市新例
☑④ 根室に来航したロシア使節	**1792**	ラクスマン
☑⑤ 長崎に来航したロシア使節	**1804**	レザノフ
☑⑥ 長崎に侵入したイギリス軍艦	**1808**	フェートン号
☑⑦ 迷わず外国船撃退の命令	**1825**	異国船打払令(無二念打払令)
☑⑧ ⑦で撃退されたアメリカ船	**1837**	モリソン号
☑⑨ アヘン戦争末期に出された命令	**1842**	天保の薪水給与令
☑⑩ ペリーが初めて来航した港	**1853**	浦賀
☑⑪ 井伊直弼が調印した不平等条約	**1858**	日米修好通商条約
☑⑫ 明治政府が清と結んだ対等条約	**1871**	日清修好条規
☑⑬ 江華島事件後に朝鮮と結んだ条約 (カンファド)	**1876**	日朝修好条規

古代の重要法令など

内容	年代	法令名
☑① 厩戸王が制定した役人の心構え	**604**	憲法十七条
☑② 孝徳天皇が公地公民などを宣布	**646**	改新の詔
☑③ 持統天皇が施行した法令	**689**	飛鳥浄御原令
☑④ 律令政治の基本法	**701**	大宝律令
☑⑤ ④を藤原不比等らが改修した	**718**	養老律令
☑⑥ 期限を決め開墾地の私有を許可	**723**	三世一身法
☑⑦ 開墾地の永久私有を許可した法令	**743**	墾田永年私財法
☑⑧ 大仏造立の詔が出された離宮	**743**	紫香楽宮
☑⑨ 大宰府に設けた国家直営の田	**823**	公営田
☑⑩ 初めて荘園を制限した法令	**902**	延喜の荘園整理令
☑⑪ 後三条天皇が発令した土地政策	**1069**	延久の荘園整理令

中世の重要法令

内容	年代	法令名など
□① 武家の慣習にもとづく最初の武家法	1232	御成敗式目(貞永式目)
□② 御家人の所領の質入れを禁じた	1297	永仁の徳政令
□③ 足利尊氏が制定した政治方針	1336	建武式目
□④ 守護に荘園年貢の半分を与えた	1352	半済令

近世の重要法令

内容	年代	法令名など
□① 豊臣秀吉が百姓から武器を没収	1588	刀狩令
□② 江戸幕府最初の大名統制法	1615	武家諸法度
□③ 改易に伴う牢人を減少させるため	1651	末期養子の禁を緩和
□④ 徳川綱吉が殺生を禁じた	1685	生類憐みの令
□⑤ 金銭貸借訴訟は受理せず当事者間で	1719	相対済し令
□⑥ 1万石につき米100石を上納	1722	上げ米
□⑦ 奉行の判決基準を定めた	1742	公事方御定書
□⑧ 旗本・御家人の負債帳消し	1789	棄捐令
□⑨ 朱子学のみ幕府学問所で講義する	1790	寛政異学の禁
□⑩ 江戸・大坂周辺を幕領にする	1843	上知令

古代・中世の文化

内容	年代	事項など
□① 空海が庶民にも門戸を開いた学校	828	綜芸種智院
□② 源信が著した浄土信仰の理論書	985	『往生要集』
□③ 釈迦死後2000年で世が乱れる	1052	末法思想(末法第1年)
□④ 『新古今和歌集』編纂を命じた上皇	1205	後鳥羽上皇
□⑤ 二条良基が編集した連歌集	1356	『菟玖波集』
□⑥ 足利義満が京都北山に造営した別荘	1397	金閣
□⑦ 上杉憲実が再興した関東の学校	1439	足利学校

近世の文化

内容	年代	事項名
☐① 『好色一代男』の著者	1682	井原西鶴
☐② 渋川春海(安井算哲)が作成した暦	1684	貞享暦
☐③ 錦絵を始めた絵師	1765	鈴木春信
☐④ 前野良沢らが刊行した解剖書	1774	『解体新書』
☐⑤ 海防の強化を述べた林子平の書	1791	『海国兵談』
☐⑥ 『南総里見八犬伝』の著者	1814	曲亭馬琴
☐⑦ 伊能忠敬らが作成した地図	1821	「大日本沿海輿地全図」

明治政府初期の改革

内容	年代	事項名
☐① 明治新政府の基本方針	1868	五箇条の誓文
☐② 領地・領民を朝廷に返還	1869	版籍奉還
☐③ 藩をやめて府県を置いた改革	1871	廃藩置県
☐④ 全国に小学校を設立	1872	学 制
☐⑤ 渋沢栄一らの尽力で制定された	1872	国立銀行条例
☐⑥ 20歳以上の全男子に兵役を課す	1873	徴兵令
☐⑦ 地価の３％を金納とした税制改革	1873	地租改正
☐⑧ 段階的に立憲主義を示した詔書	1875	漸次立憲政体樹立の 詔
☐⑨ 華族・士族に金禄公債証書を渡す	1876	秩禄処分

自由民権運動

内容	年代	事項名
☐① 板垣退助らが議会の開設を建白	1874	民撰議院設立の建白書
☐② 愛国社が改称し請願運動を展開	1880	国会期成同盟
☐③ ②に対し制定された弾圧法令	1880	集会条例
☐④ 大隈重信が参議を罷免された	1881	明治十四年の政変
☐⑤ 埼玉県でおこった激化事件	1884	秩父事件
☐⑥ 三大事件建白運動弾圧の法令	1887	保安条例

近代・現代の外交

内容	年代	事項名
☑① 日清戦争後の遼東半島(リヤオトン)返還要求	**1895**	三国干渉(かんしょう)
☑② 韓国を植民地にした	**1910**	韓国併合(へいごう)条約
☑③ 袁世凱(ユアンシーカイ)政権に要求した	**1915**	二十一カ条の要求
☑④ 朝鮮でおこった独立運動	**1919**	三・一(サミル)独立運動
☑⑤ 四カ国条約などを結んだ国際会議	**1921~22**	ワシントン会議
☑⑥ ソ連と国交を樹立した条約	**1925**	日ソ基本条約
☑⑦ 柳条湖(りゅうじょうこ)事件から始まった軍事行動	**1931**	満洲(まんしゅう)事変
☑⑧ 日中戦争の発端となった軍事衝突	**1937**	盧溝橋(ろこうきょう)事件
☑⑨ 日本に無条件降伏を求める宣言	**1945**	ポツダム宣言
☑⑩ 日本と連合国の講和条約	**1951**	サンフランシスコ平和条約
☑⑪ 日ソ共同宣言後に加盟	**1956**	国際連合
☑⑫ 韓国と国交を正常化した	**1965**	日韓基本条約
☑⑬ 中国と国交を正常化した	**1972**	日中共同声明

近代・現代の文化

内容	年代	事項名
☑① 帝国大学までの学校制度を整備	**1886**	学校令
☑② 平塚らいてう(明)(ひらつからいちょうはる)らが設立した女性のみの文学者団体による文芸雑誌	**1911**	『青鞜(せいとう)』
☑③ 日本人で湯川秀樹(ゆかわひでき)が初受賞	**1949**	ノーベル(物理学)賞

近代・現代の経済

内容	年代	事項名
☑① 日清戦争の賠償金で確立した	**1897**	金本位制(きんほんいせい)
☑② 銀行の取付け騒ぎに始まった	**1927**	金融恐慌(きんゆうきょうこう)
☑③ 昭和恐慌の原因となった政策	**1930**	金輸出解禁(金解禁)
☑④ 1ドル=360円に固定した	**1949**	ドッジ=ライン

古代〜中世の争乱

内容	年代	争乱の名称
□① 大海人皇子が大友皇子に勝利した	672	壬申の乱
□② 藤原四子が左大臣を滅ぼした	729	長屋王の変
□③ 藤原良房が伴善男を失脚させた	866	応天門の変
□④ 平将門・藤原純友が反乱をおこした	939~41	天慶の乱
□⑤ 源頼信が平定し源氏が東国に進出	1028~31	平忠常の乱
□⑥ 源頼義・義家が陸奥の安倍氏を鎮圧	1051~62	前九年合戦
□⑦ 後鳥羽上皇が北条義時追討を命じた	1221	承久の乱
□⑧ 北条時頼が三浦泰村を滅ぼした	1247	宝治合戦
□⑨ 内管領平頼綱が安達泰盛を滅ぼした	1285	霜月騒動
□⑩ 将軍足利義満が山名氏清を滅ぼした	1391	明徳の乱
□⑪ 足利義満が大内義弘を滅ぼした	1399	応永の乱
□⑫ 細川勝元と山名持豊を総大将とした	1467~77	応仁の乱
□⑬ 富樫政親を倒し約100年加賀国を支配	1488~1580	加賀の一向一揆

近世〜近代の争乱

内容	年代	争乱の名称
□① 織田信長が今川義元に勝利した	1560	桶狭間の戦い
□② 織田信長が武田勝頼を鉄砲で撃破	1575	長篠の戦い
□③ 織田信長が明智光秀に襲われ自害	1582	本能寺の変
□④ 豊臣秀吉が明智光秀を討った	1582	山崎の戦い
□⑤ 徳川家康が石田三成ら西軍に勝利	1600	関ヶ原の戦い
□⑥ 禁教や重税に対する最大の農民一揆	1637~38	島原の乱
□⑦ 大坂町奉行所の元与力による反乱	1837	大塩の乱
□⑧ 井伊直弼が暗殺され幕府の権威失墜	1860	桜田門外の変
□⑨ 長州藩が京都で薩摩・会津藩に敗北	1864	禁門の変（蛤御門の変）
□⑩ 西郷隆盛の最大最後の不平士族反乱	1877	西南戦争
□⑪ 陸軍皇道派による政府要人殺傷事件	1936	二・二六事件

年代	天皇	政治・経済・社会	文化	世界
0		前1世紀頃　倭、小国分立	水稲耕作・金属器	前108　楽浪4郡設置
100		57　倭の奴国王が後漢に入貢	方形周溝墓出現	25　後漢（〜220）
200		07　倭国王帥升等が後漢に入貢	弥生後期に登呂遺跡	
300		39　卑弥呼が魏に遣使	前方後円墳出現	20　三国時代（〜280）
400		91　倭が百済・新羅を破る		13　楽浪郡滅亡
500	（雄略）	78　倭王武が宋に遣使	71　稲荷山古墳の鉄剣	14　広開土王碑建立
	（継体）	27　筑紫国造磐井の乱	03？隅田八幡神社人物画像鏡　＊1	12　百済が加耶に進出
	欽明		38？仏教公伝　＊2	62　新羅が加耶を滅ぼす
	用明	87　蘇我馬子が物部守屋を滅ぼす		
	崇峻	92　蘇我馬子が崇峻天皇を暗殺	88　飛鳥寺建立	89　隋が中国を統一
	推古	93　厩戸王が政務に参加する	93　四天王寺建立	
600	〃	03　冠位十二階の制定		
	〃	04　憲法十七条の制定		
	〃	07　小野妹子を隋に派遣（遣隋使）	07？法隆寺建立	
	〃	08　隋使裴世清が来日		18　隋滅亡、唐建国
	舒明	30　第1回遣唐使の派遣		
	皇極	43　山背大兄王が自殺		
	〃	45　乙巳の変（蘇我蝦夷・入鹿滅亡）		
	孝徳	46　改新の詔		
	斉明	58　阿倍比羅夫が蝦夷を討つ		60　百済滅亡
	（中大兄）	63　白村江の戦い		
	（中大兄）	67　近江大津宮に遷都		68　高句麗滅亡
	天智	70　庚午年籍の作成	70　法隆寺火災	
		72　壬申の乱		
		飛鳥浄御原宮に遷都		76　新羅が半島統一
	天武	84　八色の姓の制定	80　薬師寺創建	
	持統	89　飛鳥浄御原令の施行		
	〃	94　藤原京に遷都	●　高松塚古墳	98　渤海建国
700	文武	01　大宝律令の完成		

＊1…443年説もある。
＊2…552年説もある。

年代	天皇		政治・経済・社会		文化		世界
	元明	08	和同開珎の鋳造				
	〃	10	平城京に遷都	12	『古事記』	12	唐の玄宗即位
	〃	11	蓄銭叙位令	13	『風土記』撰進を命ず		
	元正	18	藤原不比等らが養老律令撰定	20	『日本書紀』		
	〃	22	百万町歩の開墾計画				
	〃	23	三世一身法の施行				
	聖武	27	渤海使が初めて来日(~929)				
	〃	29	長屋王の変				
	〃		光明子が皇后となる				
	〃	40	藤原広嗣の乱	41	国分寺建立の詔		
	〃		恭仁京に遷都				
	〃	43	墾田永年私財法の発布	43	大仏造立の詔		
	孝謙	57	養老律令の施行	51	『懐風藻』	50	アッバース朝成立
	〃		橘奈良麻呂の変	52	東大寺大仏開眼供養	55	唐で安禄山・史思
	淳仁	64	恵美押勝(藤原仲麻呂)の乱	56	聖武天皇遺品を東大寺		明の乱(~763)
	称徳	65	道鏡が太政大臣禅師となる		へ納入(正倉院宝物)		
	光仁	70	道鏡を下野薬師寺別当に追放	59	唐招提寺建立		
	桓武	84	長岡京に遷都	70	百万塔陀羅尼		
	〃	92	健児を置く	●	『万葉集』		
	〃	94	平安京に遷都				
800	〃	02	坂上田村麻呂が胆沢城を築く	05	最澄が天台宗開宗	00	カール大帝が西ロ
	嵯峨	10	藤原冬嗣が蔵人頭となる	06	空海が真言宗開宗		ーマ皇帝となる
	〃		平城太上天皇の変(薬子の変)	21	藤原氏が勧学院開設	29	イングランド諸国
	〃	23	大宰府管内に公営田制を実施	28	空海が綜芸種智院		統一
	仁明	42	承和の変		設立	43	フランク王国分裂
	清和	58	藤原良房が人臣初の摂政に				
	〃	66	応天門の変			75	唐で黄巣の乱
	光孝	84	藤原基経が関白に(関白の初め)	●	『竹取物語』		(~884)
	宇多	87	阿衡の紛議(~88)				
	〃	94	遣唐使の派遣中止				
900	醍醐	01	菅原道真を大宰権帥に左遷	01	『日本三代実録』		
	〃		延喜の治	05	紀貫之ら『古今和	07	唐滅亡
	〃	02	延喜の荘園整理令		歌集』	18	高麗建国

年代	天皇	将軍	政治・経済・社会	文化	世界
1000	朱雀		39 平将門の乱・藤原純友の乱(～41)	● 『土佐日記』	26 渤海滅亡
	村上		47 天暦の治	● 空也が浄土教布教	36 高麗が朝鮮統一
	〃		58 乾元大宝鋳造		60 宋建国(～1127)
	冷泉		69 安和の変		62 神聖ローマ帝国
	一条		88 尾張国郡司百姓等が国司	85 源信『往生要集』	成立
	〃		(藤原元命)の非法を訴える		
1100	後一条		16 藤原道長が摂政となる	● 清少納言『枕草子』	● 中国で火薬発明
	〃		17 藤原頼通が摂政となる	● 紫式部『源氏物語』	
	〃		19 刀伊の入寇	22 法成寺建立	
	〃		28 平忠常の乱(～31)		38 セルジューク朝
	後冷泉		51 前九年合戦(～62)	52 末法第1年	建国
	後三条		69 延久の荘園整理令	53 平等院鳳凰堂建立	66 英でノルマン朝
	白河		83 後三年合戦(～87)	59 ?『更級日記』	成立
	堀河		86 白河上皇が院政を始める	● 『栄華物語』	96 第1回十字軍
1200	後白河		56 保元の乱	● 『大鏡』	15 金建国(～1234)
	二条		59 平治の乱	24 中尊寺金色堂建立	27 宋滅び南宋建国
	六条		67 平清盛が太政大臣となる	64 ?『平家納経』	47 第2回十字軍
	高倉		77 鹿ヶ谷の陰謀	75 法然が浄土宗開宗	
	〃		79 清盛が後白河法皇を幽閉		
	安徳		80 以仁王の令旨		
	〃		福原京遷都		
	〃		源頼朝が侍所を設置		
	〃		83 平氏都落ち		
	安徳 後鳥羽		頼朝が東国支配権を確立		
	〃		84 頼朝が公文所・問注所を設置		
	〃		85 平氏が壇の浦で滅亡		
	〃		頼朝が守護・地頭を設置	91 栄西が帰国し、	89 第3回十字軍
	〃		89 頼朝が奥州藤原氏を滅ぼす	臨済宗を広める	
	〃	頼朝	92 頼朝が征夷大将軍となる	95 東大寺再建供養	
	土御門	実朝	03 源実朝が将軍となる	05 『新古今和歌集』	02 第4回十字軍
	〃	〃	05 北条義時が執権となる	12 鴨長明『方丈記』	06 チンギス=ハンが
	順徳	〃	13 和田合戦		モンゴルを統一
	〃	〃	19 実朝が公暁に暗殺される	20 慈円『愚管抄』	15 マグナ=カルタ

年代	天皇	将軍	政治・経済・社会	文化	世界
	仲恭	(執権)義時	21 承久の乱。六波羅探題を設置	24 親鸞『教行信証』	
	後堀河	泰時	25 連署・評定衆の設置	27 道元が帰国し、	28 第5回十字軍
	〃	〃	32 御成敗式目(貞永式目)の制定	曹洞宗を伝える	36 バトゥの東欧遠征
	後深草	時頼	47 宝治合戦	● 『平家物語』	48 第6回十字軍
	〃	〃	49 引付の設置		
	〃	〃	52 宗尊親王が将軍となる	53 日蓮宗(法華宗)開宗	70 第7回十字軍
	後宇多	時宗	74 文永の役	74 一遍が時宗開宗	71 モンゴルが元
	〃	〃	81 弘安の役	● 金沢文庫創立	を建国
	〃	貞時	85 霜月騒動	82 円覚寺建立	76 南宋が元に降伏
1300	伏見	〃	97 永仁の徳政令		
	後醍醐	高時	21 後醍醐天皇が記録所を再興	● 『吾妻鏡』	02 仏で三部会招集
	〃	〃	24 正中の変	22 虎関師錬『元亨釈書』	18 ダンテ『神曲』
	〃	守時	31 元弘の変		● ルネサンスが
	〃	〃	33 鎌倉幕府の滅亡	● 兼好法師『徒然草』	始まる
	〃		34 建武の新政		
	〃		35 中先代の乱		
	光明後醍醐	(将軍)尊氏	36 建武式目の制定	39 北畠親房『神皇正統記』	39 英仏が百年戦争(～1453)
	〃	〃	38 尊氏が征夷大将軍となる		
	光明後村上崇光	〃	42 尊氏らが天龍寺船を元に派遣	42 五山・十刹の制	● ヨーロッパにペストが流行
	後村上後光厳	〃	50 観応の擾乱(～52)		
	後村上	〃	52 半済令の発布	56 二条良基が『菟玖波集』を編纂	68 元滅亡、明建国
	後円融長慶	義満	78 足利義満が花の御所を造営		70 ティムール朝
	後小松後亀山	〃	91 明徳の乱	● 『太平記』	建国(～1507)
	後小松	〃	92 南北朝の合体		92 高麗滅亡、李成桂が朝鮮を建国
1400	〃	義持	99 義満が金閣を造営	97 義満が金閣を造営	
	〃	〃	01 義満が第1回遣明船を派遣	● 世阿弥『風姿花伝』	02 明で永楽帝即位
	〃	〃	04 勘合貿易の開始	● 茶の湯・生花が	● マヤ・アステカ
	〃	〃	11 足利義持が明との国交断絶	流行	文明、インカ
	称光	〃	19 応永の外寇	● 能楽が大成	文明が栄える
	後花園		28 正長の徳政一揆		
	〃	義教	29 琉球王国の建国		29 ジャンヌ=ダルクがオルレアンを救う
	〃	〃	32 足利義教が勘合貿易を再開	39 上杉憲実が足利学校を再興	
	〃	〃	38 永享の乱		

年代	天皇	将軍	政治・経済・社会	文化	世界
	後花園	義教	41 嘉吉の変。嘉吉の徳政一揆		
	〃	義政	57 コシャマインの戦い		53 ビザンツ帝国滅亡
	後土御門	〃	67 応仁の乱(～77)	67 雪舟が明に渡る	
	〃	義尚	85 山城の国一揆(～93)	89 義政が銀閣を造営	79 スペイン王国成立
	〃	〃	88 加賀の一向一揆(～1580)	95 『新撰菟玖波集』	92 コロンブスが
1500	〃	義稙	93 北条早雲が堀越公方を滅ぼす	96 蓮如が石山本願寺を創建	アメリカ到達
	後柏原	〃	10 三浦の乱		10 ポルトガルが
	〃	義晴	23 寧波の乱	18 『閑吟集』	ゴア占領
	後奈良	〃	32 法華一揆		17 ルターの宗教改革
	〃	〃	36 天文法華の乱	● 『犬筑波集』	34 イエズス会成立
	〃	〃	43 鉄砲伝来		41 カルヴァンの
	〃	義輝	49 キリスト教伝来		宗教改革
	正親町	〃	60 桶狭間の戦い	● 三味線伝来	
	〃	義昭	68 織田信長が足利義昭を奉じて入京	69 信長がフロイスに布教許可	71 スペインがマニラ建設
	〃	〃	73 室町幕府の滅亡(義昭追放)		
	〃		75 長篠の戦い		
	〃		76 信長が安土城を築く		
	〃		82 本能寺の変。山崎の戦い	82 天正遣欧使節	81 オランダ独立
	〃		太閤検地の開始	(～90)	宣言
	〃		85 秀吉が関白となる		
	後陽成		87 バテレン追放令	87 聚楽第完成	
	〃		88 刀狩令。海賊取締令		88 英がスペイン無
	〃		90 秀吉が全国統一を完成	90 活字印刷機伝来	敵艦隊を破る
	〃		92 文禄の役	● 朝鮮から活字印刷・	
	〃		97 慶長の役	製陶法が伝わる	
1600	〃		98 秀吉が死去し朝鮮より撤兵		
	〃		00 関ヶ原の戦い		00 英が東インド
	〃	家康	03 徳川家康が征夷大将軍となる	03 阿国歌舞伎が始	会社設立
	〃	〃	04 糸割符制度が始まる	まる	02 蘭が東インド
	〃	秀忠	09 己酉約条	● 姫路城完成	会社設立
	〃	〃	10 田中勝介をメキシコに派遣	12 幕府でキリスト教を禁止	
	後水尾	〃	13 慶長遣欧使節(～20)	13 禁教令を全国に拡大	
	〃	〃	15 大坂夏の陣(豊臣氏滅亡)	● 人形浄瑠璃成立	

年代	天皇	将軍	政治・経済・社会	文化	世界
	後水尾	秀忠	15 **武家諸法度**(元和令)の発布		
	〃	〃	禁中並公家諸法度の発布		16 ヌルハチが後
	〃	〃	16 ヨーロッパ船の寄港地を**平戸**	17 日光東照宮完成	金を建国
	〃	〃	・**長崎**に制限	● 桂離宮の造営	18 三十年戦争(〜48)
	〃	家光	23 イギリスが日本から撤退		23 アンボイナ事件
	〃	〃	24 **スペイン船**の来航を禁止		
	〃	〃	29 **紫衣事件**	30 キリシタン書籍	28 英で権利請願
	明正	〃	33 奉書船以外の海外渡航を禁止	の輸入を禁止	
	〃	〃	35 日本人の海外渡航・帰国を禁止		36 後金を清と改称
	〃	〃	37 **島原の乱**(〜38)		
	〃	〃	39 **ポルトガル船**の来航を禁止		40 イギリス革命
	〃	〃	41 平戸のオランダ商館を出島に移す	54 明僧隠元が黄檗	(〜60)
	後光明	〃	43 **田畑永代売買の禁止令**	宗を伝える	44 明滅亡
	後西	家綱	51 慶安の変	57 『大日本史』編纂	51 英で航海法
	霊元	〃	57 明暦の大火	開始(1906完成)	
	〃	〃	69 シャクシャインの戦い	82 **井原西鶴**『好色	88 英で名誉革命
	〃	〃	71 河村瑞賢が東廻り海運を開く	一代男』	(〜89)
	〃	〃	73 分地制限令	84 **貞享暦**を採用	89 ネルチンスク条約
1700	東山	綱吉	85 生類憐みの令(〜1709)	90 湯島聖堂落成	
	中御門	家宣	09 新井白石を登用(**正徳の政治**)	12 新井白石『読史余	01 スペイン継承
	〃	〃	10 閑院宮家の創設	論』	戦争(〜13)
	〃	家継	15 海舶互市新例	15 近松門左衛門	
	〃	吉宗	16 **享保の改革**が始まる(〜45)	『国性(姓)爺合戦』	
	〃	〃	19 相対済し令	20 **漢訳洋書**輸入の	
	〃	〃	21 評定所に目安箱を設置	禁を緩和	
	〃	〃	22 上げ米		33 ジョン=ケイが
	〃	〃	23 足高の制	29 石田梅岩が心学	飛び杼を発明
	〃	〃	32 享保の飢饉	を講じる	● 産業革命が始
	桜町	〃	42 公事方御定書ができる	53 ?安藤昌益『自然真	まる
	桃園	家重	58 **宝暦事件**	営道』	40 オーストリア継
	後桜町	家治	67 田沼意次が側用人となる	65 **鈴木春信**が錦絵	承戦争(〜48)
	後桃園	〃	72 田沼意次が老中となる	を始める	57 プラッシーの戦い

年代	天皇	将軍	政治・経済・社会	文化	世界
	後桃園	家治	72 南鐐二朱銀の発行	74 前野良沢・杉田玄白ら『解体新書』	75 アメリカ独立戦争（～83）
	光格	//	82 天明の飢饉が始まる		76 アメリカ独立宣言
	//	//	85 最上徳内が千島探検に出発	84 ?志賀島で金印発見	
	//	家斉	87 寛政の改革が始まる（～93）		
	//	//	89 棄捐令	91 林子平『海国兵談』	89 フランス革命（～99）
	//	//	90 人足寄場の設置	97 昌平坂学問所直轄	
	//	//	寛政異学の禁	98 本居宣長『古事記伝』	96 清で白蓮教徒の乱
	//	//	92 ラクスマンが根室に来航	● 滑稽本流行	（～1804）
1800	//	//	04 レザノフが長崎に来航		04 ナポレオンが帝位につく
	//	//	06 文化の薪水給与令		
	//	//	08 間宮林蔵が樺太探査	11 蛮書和解御用設置	
	//	//	フェートン号事件	● 読本流行	
	//	//	11 ゴローウニン事件	14 曲亭馬琴『南総里見八犬伝』（～41）	14 ウィーン会議（～15）
	仁孝	//	25 異国船打払令（無二念打払令）		
	//	//	28 シーボルト事件	21 「大日本沿海輿地全図」が完成	23 モンロー宣言
	//	家慶	37 大塩の乱。モリソン号事件		
	//	//	39 蛮社の獄	38 中山みきが天理教を開く	40 アヘン戦争（～42）
	//	//	41 天保の改革が始まる（～43）	渡辺崋山『慎機論』	42 南京条約
	//	//	42 天保の薪水給与令	高野長英『戊戌夢物語』	
	//	//	43 人返しの法。上知令		51 太平天国の乱（～64）
	//	//	44 オランダ国王の開国勧告		
	孝明	//	53 ペリーが浦賀に来航	42 人情本出版禁止	53 クリミア戦争（～56）
	//	//	プチャーチンが長崎に来航		
	//	家定	54 日米和親条約	56 蕃書調所開設	56 第2次アヘン戦争（～60）
	//	//	58 日米修好通商条約	58 種痘館設置	
	//	家茂	安政の大獄（～59）	福沢諭吉が私塾を開く	58 天津条約　ムガル帝国滅亡
	//	//	60 桜田門外の変		
	//	//	63 薩英戦争。八月十八日の政変		60 北京条約
	//	//	64 禁門の変。第1次長州征討	65 大浦天主堂完成	61 イタリア統一南北戦争（～65）
	//	//	四国艦隊下関砲撃事件		
	//	//	66 薩長連合。第2次長州征討		
	明治	慶喜	67 大政奉還。王政復古の大号令		
	//	//	68 戊辰戦争。五箇条の誓文	68 神仏分離令	
	//	//	政体書の制定	廃仏毀釈運動	

年代	天皇	総理	政治・経済・社会	文化	世界
	明治		69 版籍奉還。五稜郭の戦い		
	〃		71 廃藩置県。日清修好条規	70 大教宣布の詔	70 プロイセン=フランス戦争(~71)
	〃		72 国立銀行条例	71 郵便開業。戸籍法	
	〃		73 徴兵令。地租改正条例	72 学制公布。鉄道開通	71 ドイツ帝国成立
	〃		征韓論が退けられる	太陽暦採用	
	〃		74 民撰議院設立の建白書	73 禁教の高札撤廃	
	〃		75 漸次立憲政体樹立の詔	明六社発足	
	〃		樺太・千島交換条約	75 同志社創立	
	〃		76 日朝修好条規。秩禄処分	76 札幌農学校創立	
	〃		77 西南戦争	77 東京大学開設	77 ロシア=トルコ戦争(~78)
	〃		78 地方三新法の制定		
	〃		79 沖縄県の設置	79 教育令公布	81 イリ条約
	〃		80 国会期成同盟の結成	82 東京専門学校創立	82 独・墺・伊が三国同盟
	〃		81 明治十四年の政変	83 鹿鳴館落成	
	〃		82 壬午軍乱。日本銀行の開業	85 坪内逍遙『小説神髄』	
	〃		84 秩父事件。甲申事変	86 学校令公布	84 清仏戦争
	〃	伊藤	85 内閣制度の創設	87 東京音楽学校設立	
	〃	〃	87 三大事件建白運動	東京美術学校設立	
	〃	〃	保安条例	89 東海道線全通	
	〃	黒田	89 大日本帝国憲法の発布	90 教育勅語発布	
	〃	山県	90 第1回帝国議会の開会	92 北里柴三郎が伝染病研究所を設立	94 露仏同盟成立
	〃	伊藤	94 日清戦争(~95)		甲午農民戦争
	〃	〃	95 下関条約。三国干渉	96 白馬会創立	98 アメリカ=スペイン戦争
1900	〃	松方	97 金本位制の確立	98 日本美術院創立	
	〃	山県	00 治安警察法の制定		00 北清事変(~01)
	〃	伊藤	01 八幡製鉄所の操業開始		01 北京議定書
	〃	桂	02 第1次日英同盟協約	02 木村栄がZ項発見	
	〃	〃	04 日露戦争(~05)。第1次日韓協約	03 小学校教科書国定化	04 英仏協商
	〃	〃	05 ポーツマス条約。日比谷焼打ち事件	『平民新聞』発刊	05 シベリア鉄道完成
	〃	〃	第2次日韓協約	06 島崎藤村『破戒』	
	〃	西園寺	06 日本社会党結成。鉄道国有法	07 義務教育6年	07 英・仏・露が三国協商
	〃	〃	南満洲鉄道株式会社の設立	文部省美術展覧会	
	〃	〃	07 第3次日韓協約	08 戊申詔書	08 青年トルコ革命

年代	天皇	総理	政治・経済・社会	文化	世界
明治	桂	10 大逆事件。韓国併合条約	10 『白樺』創刊	11 辛亥革命
〃	〃	11 関税自主権の回復	11 『青鞜』創刊	12 中華民国成立
大正	〃	13 大正政変(第1次護憲運動)		
〃	山本	14 シーメンス事件	14 日本美術院再興	14 第一次世界大戦
〃	大隈	15 中国に二十一カ条の要求	二科会結成	(～18)
〃	寺内	17 金輸出禁止。石井・ランシング協定	17 理化学研究所設立	17 ロシア革命
〃	〃	18 シベリア出兵(～22)。米騒動		19 五・四運動
〃	原	19 三・一独立運動	19 帝国美術院設置	ヴェルサイユ条約
〃	〃	20 新婦人協会の発足	20 森戸事件	20 国際連盟成立
〃	高橋	21 ワシントン会議に参加	21 『種蒔く人』創刊	21 ワシントン会議
〃	山本	23 関東大震災。虎の門事件		(～22)
〃	清浦	24 第2次護憲運動がおこる	24 築地小劇場完成	22 イタリアでファ
〃	加藤(高)	25 日ソ基本条約	25 ラジオ放送開始	シスト政権成立
〃	〃	治安維持法。普通選挙法		26 蔣介石が北伐
昭和	若槻	27 金融恐慌がおこる		開始(～28)
〃	田中(義)	28 普通選挙実施。張作霖爆殺事件	29 小林多喜二『蟹	28 不戦条約
〃	浜口	30 金輸出解禁(金解禁)	工船』	29 世界恐慌
〃	若槻	31 満洲事変	31 初の国産トーキー	30 ロンドン会議
〃	犬養	金輸出再禁止	映画	
〃	〃	32 五・一五事件		33 ドイツでナチ
〃	斎藤	33 国際連盟脱退の通告	33 京都帝大滝川事件	党政権成立
〃	岡田	35 天皇機関説事件	35 湯川秀樹が中間	アメリカでニュー
〃	〃	36 二・二六事件	子論を発表	ディール政策開始
〃	広田	日独防共協定		36 西安事件
〃	近衛	37 盧溝橋事件	37 文化勲章制定	38 ミュンヘン会談
〃	〃	38 国家総動員法の制定	国民精神総動員	39 独ソ不可侵条約
〃	〃	40 日独伊三国同盟	運動	第二次世界大戦
〃	〃	大政翼賛会の結成	40 津田左右吉の著	(～45)
〃	〃	41 日ソ中立条約	書発禁	40 南京に汪政権
〃	東条	太平洋戦争(～45)	41 国民学校令公布	41 大西洋憲章
〃	〃	42 ミッドウェー海戦で敗北	42 関門海底トンネ	独ソ戦争
〃	〃	43 学徒出陣	ル開通	43 カイロ会談
〃	〃	44 サイパン島陥落		
〃	小磯	45 東京大空襲。米軍が沖縄本島占領		45 ヤルタ会談

年代	天皇	総理	政治・経済・社会	文化	世界
	昭和	鈴木(貫)	45 広島・長崎に原子爆弾		45 ポツダム会談
	〃	〃	**ポツダム宣言の受諾**		国際連合成立
	〃	幣原	五大改革指令。財閥解体		
	〃	吉田	46 農地改革。**日本国憲法の公布**	47 教育基本法・学校	48 大韓民国・朝鮮
	〃	〃	49 ドッジ=ライン	教育法公布	民主主義人民共
	〃	〃	50 警察予備隊の設置	49 法隆寺壁画焼損	和国独立
	〃	〃	51 **サンフランシスコ平和条約**	岩宿で旧石器確認	49 中華人民共和国
	〃	〃	**日米安全保障条約**	**湯川秀樹** がノー	成立
	〃	〃	54 防衛庁・**自衛隊**の発足	ベル物理学賞受賞	50 朝鮮戦争(～53)
	〃	鳩山(一)	55 **神武景気が始まる**	50 文化財保護法制定	55 アジア=アフリ
	〃	〃	第1回原水爆禁止世界大会	金閣全焼	カ会議
	〃	〃	56 **日ソ共同宣言**	53 **テレビ放送**開始	
	〃	〃	**日本が国際連合に加盟**	56 南極観測が始まる	
	〃	岸	58 **岩戸景気が始まる**	57 東海村原子炉の	
	〃	〃	60 日米新安全保障条約	点火	
	〃	池田	61 農業基本法の制定		62 キューバ危機
	〃	〃	64 日本が**OECD**に加盟	64 東海道新幹線開業	65 米がベトナム
	〃	佐藤	65 日韓基本条約	東京オリンピック	北爆開始
	〃	〃	67 公害対策基本法の制定	68 文化庁設置	68 核兵器拡散防止
	〃	〃	68 小笠原諸島返還	70 人工衛星打上げ	条約
	〃	〃	GNPが資本主義国第2位に	日本万国博覧会	73 ベトナム和平協定
	〃	〃	72 **沖縄の日本復帰**	72 札幌オリンピック	第4次中東戦争
	〃	田中(角)	日中共同声明	高松塚古墳壁画発見	75 第1回サミット
	〃	〃	73 円の**変動相場制**移行	78 新東京国際空港	79 米中国交樹立
	〃	〃	石油危機	(成田)開港	ソ連がアフガニス
	〃	福田(赳)	78 日中平和友好条約	85 科学技術万国博	タンに軍事介入
	平成	竹下	89 **消費税の導入**	覧会	89 ベルリンの壁撤去
	〃	宮沢	92 PKO協力法の成立	88 青函トンネル・	91 湾岸戦争
	〃	細川	93 非自民非共産連立内閣の成立	瀬戸大橋開通	ソ連消滅
	〃	村山	95 阪神・淡路大震災	98 長野オリンピック	93 EU発足
2000					
	〃	小泉	02 日朝首脳会談	02 日韓共催サッカー	01 米で同時多発テロ
	〃	菅(直)	11 東日本大震災	ワールドカップ	20 英がEU離脱
	〃	安倍	15 安全保障関連法の成立	21 東京オリンピック・	22 ロシアがウクラ
	今上	〃	20 新型コロナウイルスの感染拡大	パラリンピック	イナへ侵攻

編集協力　群企画(佐藤精一郎)
装丁デザイン　ブックデザイン研究所
本文デザイン　ケーエスアイ
図　版　デザインスタジオエキス.
イラスト・マンガ　ウネハラ ユウジ

写真提供

会津若松市立会津図書館(会津若松市デジタルアーカイブ)　朝日新聞社　茨城県立図書館
(茨城県立歴史館)　大阪城天守閣　甲斐善光寺　共同通信社　近現代PL／アフロ　県立
長野図書館　国立国会図書館　スミソニアン博物館　聖徳記念絵画館所蔵　長興寺(豊田
市)所蔵 写真提供 豊田市郷土資料館　長善寺　等持院　唐招提寺(写真：飛鳥園)　公益財
団法人 東洋文庫　徳川記念財団　徳川美術館所蔵©徳川美術館イメージアーカイブ／
DNPartcom　長崎歴史文化博物館収蔵　奈良市役所文化財課　ピクスタ　福岡市博物館
所蔵 画像提供：福岡市博物館／DNPartcom　文化庁(写真提供：埼玉県立さきたま史跡
の博物館)　毎日新聞社　米沢市(上杉博物館)　鹿苑寺　六波羅蜜寺　Alamy／アフロ
ColBase(https://colbase.nich.go.jp/)　Digital image courtesy of the Getty's Open
Content Program.　Photo : Kobe City Museum／DNPartcom　　　　　〈敬称略〉

JASRAC　出 2401709-401

高校 100%丸暗記 日本史年代

編著者　高校教育研究会　発行所　受験研究社

発行者　岡本泰治　©株式会社　増進堂・受験研究社

〒550-0013 大阪市西区新町 2―19―15
注文・不良品などについて：(06)6532-1581(代表)／本の内容について：(06)6532-1586(編集)